投资大师 经典译丛

股票投机基础

S.A.纳尔逊（S.A.Nelson）◎著
沈国华◎译

上海财经大学出版社

图书在版编目(CIP)数据

股票投机基础／(美)S.A.纳尔逊(S.A.Nelson)著；沈国华译.
—上海：上海财经大学出版社,2016.7
(投资大师·经典译丛)
书名原文：The ABC of Stock Speculation
ISBN 978-7-5642-2483-7/F · 2483

Ⅰ.①股… Ⅱ.①S… ②沈… Ⅲ.①股票投资-基本知识 Ⅳ.①F830.91

中国版本图书馆 CIP 数据核字(2016)第 137217 号

□ 责任编辑　李成军
□ 封面设计　张克瑶

GUPIAO TOUJI JICHU
股票投机基础

S.A.纳尔逊(S.A.Nelson)　著
沈国华　译

上海财经大学出版社出版发行
(上海市武东路 321 号乙　邮编 200434)
网　　址:http://www.sufep.com
电子邮箱:webmaster@sufep.com
全国新华书店经销
上海华教印务有限公司印刷装订
2016 年 7 月第 1 版　2016 年 7 月第 1 次印刷

710mm×960mm　1/16　14 印张(插页:1)　232 千字
印数:0 001—4 000　定价:33.00 元

卷首语

《华尔街基础知识》(The ABC of Wall Street)出版后,有很多读者要求再出一本介绍股市投机基本原理的基础读物。如果说有谁比别人更有资格写这样一本读物的话,那么这个人肯定就是查尔斯·H. 道(Charles H. Dow)先生。我们曾多次请他写这样一本大家都想看的书,但没有成功。查尔斯·道在华尔街供职25载有余。在这漫长的职业生涯中,他一直潜心研究股市,不断成功发展了进行股票投机的理论。读者可在本书第四章到第二十章(包括第二十章)中读到他的这些理论,查尔斯·道的这些理论论述了一个很少有人提及而普通公众又被那么无端地误导的主题,因此,任何一个对股票投机感兴趣的人都会称赞他的这些卓越理论。在准备出版这本小册子的过程中,本书的作者得到了《华尔街日报》(Wall Street Journal)、《晚邮报》(Evening Post)、道琼斯公司通讯社(Dow,Jones & Co's News Agency)、亚历山大·德纳·诺伊斯(Alexander Dana Noyes)先生、丹尼尔·凯洛格(Daniel Kellogg)先生、E. W. 哈顿(E. W. Harden)先生以及很多经纪人和投机商的帮助,在此谨对他们表示感谢。本书的读者当然会明白:股票投机并没有现成的成功捷径可走。试图告诉读者如何能够赚钱,其实是荒谬的。迄今还没有发现投机包赚的万全之策。但不管怎样,只要是理智的观察和体验都是有价值的。本书作者相信,普通的股票投机者都会觉得认真研读本书会对他们带来助益,而且还能帮助他们赚钱。

目 录
―― CONTENTS ――

卷首语

第一章
股票经纪人、证券交易所和股票投机词源考证/1

第二章
股票投机/7

第三章
股票投机与赌博/11

第四章
华尔街的道德操守/17

第五章
科学投机/21

第六章
两种一般交易方法/25

第七章
三个一般结论/31

第八章
主要运动趋势中的次级和日常运动趋势/35

第九章
　　　　解读市场的方法/39
第十章
　　　　止损单操作方法介绍/43
第十一章
　　　　如何巧设止损点/47
第十二章
　　　　交易过度风险/51
第十三章
　　　　交易方法/55
第十四章
　　　　外地交易者/61
第十五章
　　　　空头交易/65
第十六章
　　　　跌市投机/71
第十七章
　　　　全权代客买卖账户/75
第十八章
　　　　损失责任/79
第十九章
　　　　危机的反复性/83
第二十章
　　　　财经评论/87
第二十一章
　　　　股票投机的距离和身份条件/97
第二十二章
　　　　股票投机者的气质与禀赋条件/103

目 录

第二十三章
  经纪人及其客户/107

第二十四章
  对敲公司/111

第二十五章
  股票投机者与联合交易所/121

第二十六章
  信息贩子/129

第二十七章
  投机结论/137

第二十八章
  成功的投机者与失败的投机者/143

第二十九章
  一个值得关注的问题/153

第三十章
  股市操纵/159

第三十一章
  五次股市恐慌记述/167

第三十二章
  几波股价"疯涨狂潮"的退去/175

第三十三章
  未发行股交易/181

第三十四章
  信息贩子心目中的股票市场/187

第三十五章
  华尔街的至理名言/197

——— 第一章 ———

股票经纪人、证券交易所和股票投机词源考证

第一章 股票经纪人、证券交易所和股票投机词源考证

关于"经纪人"(broker)一词的来源，词源学权威意见并不完全统一。《雅各布法律词典》(Jacob's Law Dictionary)认为：关于"经纪人"的词源，有不同的说法。有些学者认为它派生于撒克逊语中的"broc"(有"不幸"或"晦气之意")，用来指称"破了产的商人"。据说，经纪人这个职业从前仅限于那种被称为不幸者的人来做(Tomlins)。而另一些人则认为，"经纪人"这个词来源于法语中的"broyeur"，"broyeur"的意思就是"把东西碾成碎片的人或者器具"，而经纪人就是把整笔生意拆分成若干小笔交易的人[《法律术语》(Termes de la Ley, Cowell)]。不过，法律拉丁语中的"obrocate"好像明确无疑地表明，撒克逊语中的"abroecan"(英语中的"break")一词是经纪人(broker)的真正词根。在旧词"abbrochment"或者"abroachment"中，"abroecan"一词的释义就是"拆分商品出售或者零售"。因此，经纪人最初好像就是零售商。所以，我们发现旧词"auctionarius"就是取以上两种释义[请参阅《巴里尔法律词典》(Barrill' Law Dictionary)词条"Broker"]。沃顿(Wharton)认为，"broker"一词派生于法语中的"broceur"一词或者拉丁语中的"tritor"一词，意思就是"把东西拆成碎片的人"[《沃顿法律词典》(Wharton Law Dictionary)词条"Broker"]。韦伯斯特(Webster)则认为，"broker"一词派生于古英语中的"brocour"、诺曼底法语中的"broggour"和法语中的"brocanteur"。韦伯斯特把动词"broke"解释为"作为中间人买卖货物"，即"充当经纪人"。伍斯特(Worcester)认为，"broke"很可能派生于"brock"，而"brock"则派生于盎格鲁—撒克逊语中的"brucan"(意思是"解职")、"brocian"(意思是"压迫、压抑)和法语中的"broyer"(意思是"碾碎、捣碎")。现在，我们来看看"Broke"和"Broker"这两个词。"Broker"这个词好像是在皮尔(Pier)的《农民》(Ploughman)里第一次出现在了文学作品中。"我在伦敦生活在市民中间。有一个经纪人(brocour)好背后说人坏话，老说别人的货物不好。"在这段话里，经纪人显然就是个"好找茬的人"；而在普鲁旺斯语中，"brac"的意思则是"拒绝"。经纪人最初就是检查商品，拒收不合格商品的人(Wedgwood)。在《克莱布统计词汇》(Crabb's Dig. of Stat.)第261页上，词条"Broker"的释义是"罗马人中有一类被视为公务员的人"，他们集银行家、兑换商、经纪人、行政官和公证人等职于一身，他们被称为"proxe netae"。

早在1285年，英格兰的一部议会法中就出现过"经纪人"(broker)这个词。该法规

定,"今后未经主管官员、市长或者市参议员认可并参加由他们主持的就职宣誓仪式,任何人不得在伦敦城出任经纪人"。

股票交易法权威约翰·R. 多斯·帕索斯(John R. Dos Passos)认为:"300多年后(也就是1604年),在詹姆斯一世(James I)治下通过的另一部成文法对经纪人这个职业做出了比第一部涉及经纪人的法律更加详细的规定,并且通过运用'商品'和'货物'等概念清楚地表明当时货币经纪人、股票经纪人和资金经纪人都还没有合法存在……直到17世纪下半叶东印度公司(East India Company)显赫地出现在公众面前时,股票交易和投机才在英格兰成为一种固定的职业。当时意思已经为人熟知的"经纪人"这个称谓很快就被用于那些受雇于买卖股票或者股份的人,而这些人从此就被称为'股票经纪人'。"

1697年,针对经纪人和股票批发商在赊售银行股票、银票以及股份公司股份和股权方面的不当做法和企图,议会通过了一部严厉的法案,只允许获得任命并参加过宣誓仪式的人出任经纪人。在威廉三世(William III)、安妮(Anne)和乔治(George)治下又通过了多项法令规范经纪人的职业和行为。

一名早期描述股票经纪人的作家是这样说的:"股票经纪人是公共基金所有人或者证券持有人为了赚钱而雇用的专做基金资产和其他证券买卖交易的人。近年来,由于国家大肆发行长期债券(通常被称为证券),经纪人人数不断增加,并且成为一个相当大的职业团体。他们捐款在英格兰银行附近设立了一个与他们的委托人以及他们自己在一起交易的场所。他们在这里准备和办理交易结算手续,然后到位于南海印度大厦的英格兰银行过户部办理过户手续,从而避免了过户部办公场所秩序混乱。股票过户部在营业时间里人流不息,因此,如果事先不做好准备,在营业时间里根本就不可能完成交易。"

早在好几个世纪之前,商人们就认识到了有经纪人作为交易中介的好处。18世纪有一位法律作家写道:"一句老话说得对:买卖之间有20%的差价。正是由于这个原因,所有以经纪人声誉作担保销售商品的国家都比我们国家收到了更好的效果。这是因为,通过经纪人销售商品好像能赚到双倍利润,而采用其他方式销售就有可能赔钱。此外,通过经纪人交易,能够避免很多由买卖双方直接讨价还价或者达成口头协议造成的争执。有合法经纪人和他的账簿作证,就足以防范争执的发生。"

股票交易是股票经纪人的主要业务,但股票的起源只能令人满意地追溯到19世纪中叶。古代法律中并没有出现过股票这种形式的资产。虽然罗马帝国时期已经存在企业或者公司,但历史文献没有告诉我们任何有关它们特点或者行为方式的信息。

《安吉尔和埃姆斯论公司》(Ang. & Ames on Corporations,第10版)第18章第25节写道:"公元前493年,罗马已经存在一种商业团体(Collegium Mercatorum)。现代交易所("bourse"派生于拉丁语中的"bursa"——小钱包)大约起源于15世纪。法国的布尔日(Bourges)和荷兰的阿姆斯特丹目前正在为争夺世界第一个交易所创始城市的荣誉'打得不可开交'。"

约翰·帕索斯表示:"罗马法规定3人才可组建公司;由于每家公司至少要有3个成员,因此,公司自然应该向每个成员颁发一种股权凭证或者其他形式的所有权凭证,以证明他们持有公司资本权益或者公司产权的比例。那么,到底是否实际发行过股权凭证呢?如果当时确实发行过股权凭证,那么,它们是否被作为可出售或以其他方式转让或者所有人在临终时可遗赠给其代理人的资产呢?或者公司是否都能像同业公会那样授予其成员对人权呢?所有这些问题现在都无法找到答案。罗马法虽然对商业主体做了那么多阐述,但显然没有涉及以上这些问题。"

1770年,英格兰曼斯菲尔德(Mansfield)大法官在一场股票能否作为货币来使用的官司中做出了否定的判决,并且表示:"股票是近几年出现的一种新的资产形式。它不是货币。"

证券交易所就其当前的用途而言是现代一大创举。股票和商品经纪人与交易员于1670年或者1670年前后在伦敦科恩希尔(Cornhill)的一个交易所同场交易。1698年,伦敦的股票经纪人有了自己的专用交易场所。

费城的证券交易所是美国创立的最早的证券交易所。该交易所在18世纪初正式成立了股票经纪人公会,并且通过了交易所章程。

纽约证券交易所仿照费城交易所组建于1817年,但奇怪的是,有一份1792年5月17日由很多经纪人签名的公文记载了纽约证券交易所成立的事,这份公文上写着:"我们负责上市公司股票买卖交易的经纪人一致签名同意以不低于0.25%的费率从事交易。"

梅德贝里(Medberry)在他的《华尔街人及其秘密》(Men and Mysteries of Wall Street)中是这样描述美国早期的股票投机的:……"在华盛顿担任总统时期,大陆货币作为流通货币并不比废纸值钱多少,大概有20个纽约股票交易员在一个经纪人的办公室里开会,并以他们这代人的胆略和实力在一份旨在成立一个类似于保卫联盟的组织的协议上签下了自己的姓名。这份协议的签署日期是1792年5月17日。当时纽约这些最早的经纪人完成的成交量加在一起，也不可能比今天(1870年)华尔街上业绩最差的一流经纪行的成交量多多少。革命性的滥发纸币已经蔚然成风，而纸币充斥美利坚大地，达到了每人100美元的程度。因此，完全可以做点什么来从美元币值波动中获利。几年以后，确实有一家很大的经纪行依靠它的一个资深经纪人幸运地做成了纸币投机生意并且积累了资本。

"1812年战争第一次真正推动了股票投机。政府发行了1 600万美元的国库券，并且向市场推出了高达1.09亿美元的贷款。美元币值还在没完没了地波动，而当时变得越来越慵懒的资本拥有者们都抱着"不是发财就是赔光"的决心恶赌了一把。银行股也是一种受宠的投资品种。当时，对于经纪人来说，一个赚钱来源的例子是：美国1814年发行的6分利公债，有面值50美元的硬币债券和70美元的纽约银行券债券。

"1816年，美国可能已有多达200家的银行，总共有8 200万美元的注册资本……1817年某天，纽约的股票交易商在一个同行的营业所开会，决定派一个'代表'去竞争对手城市(费城)调查他们推行的制度。这次调查非常成功，参照费城经纪人公会章程起草的纽约证券交易所章程和实施细则获得了绝大多数纽约交易所经纪人的最终认可。于是，纽约证券交易所正式成立。3年以后，也就是1820年2月21日，纽约证券交易所对自己的章程和实施细则进行了全面修改，而且因为一些最重量级的资本家来到纽约城而实力大增。确切地说，纽约证券交易所的历史从1820年才真正开始。"

欧洲的股票投机有明显的历史性标记，包括"郁金香热"、"南海泡沫事件"、约翰·劳①在法国引发的通货膨胀，还有后来的南非金矿股票投机热。

美国半个多世纪以来的股票投机有它的铁路证券基础，并且随着铁路公司的发起、发展、衰落和重组而潮起潮落。

在过去的10年里，"工业化"导致工业公司纷纷发行公众股，从而刺激了股票投机。没有一个产业能够逃避兴衰的命运，工业公司就像铁路公司一样，也注定要经历其发起、发展、衰落和重组阶段。读者也不难确定，应该在上市公司处于哪个阶段时考虑做股票投机生意。

---

① John Law，苏格兰裔金融家和投机家，18世纪早期出任法国财政总监。他把纸币引入法国，并被认为引发了通货膨胀。——译者注

────── 第二章 ──────

股票投机

第二章 股票投机

多年来,股票投机已经成为美国举国上下人人重视的大事件,并且变得越来越重要。在从1896~1902年的6年里,由于工业公司之间的联合兼并成为一种普遍趋势,公司的所有权变更频仍,因此,公司股票投资和投机达到了前所未有的规模。过去集中在少数个人手中的企业所有权,现在变得广泛分散。过去一家由10个人控制和所有的工业企业,现在通过持股的方式可能由成百上万的人控制和所有。个人拥有的矿山和工厂合并成立了股份公司,股份公司的股票在证券交易所挂牌交易,并且向公众发售,供他们投资或者投机。美国钢铁公司(United States Steel Corporation)有4万多个股东;美国制糖公司(American Sugar Refining)有11 000个股东;其他公司尤其是铁路公司的股权更加分散。这个时期美国股票投机盛行,也受到了铁路业复兴的刺激,因为铁路股一直是投机者们偏好的投机刺激因素。但是,公众的股票投机热情高涨以及股票投机活跃的根本原因还在于美国的普遍繁荣和富裕。有很多因素促进了美国国民财富的大幅增长。今天,纽约证券交易所上市公司股票的投机交易不再仅局限于纽约,而是已经扩展到了西部的加利福尼亚、北面的加拿大、南方的得克萨斯州以及东面的伦敦、巴黎和柏林。今天,通过电报、电话和海底电报传递股票报价,以在纽约证券交易所创建者们看来不可思议以及之前主导股市1/4个世纪的大操盘手们不可能做到的速度和采用的方法促进了股票投机。为了保证华尔街这部机器能够正常运行,每年要花费大笔费用,据估计,华尔街300家会员经纪公司每年大概要支出1 500万美元。从当时的商业和经济发展趋势来看,种种迹象表明,股票投机仍将在美国的商业和经济中发挥非常重要的作用。1901年,纽约证券交易所有些交易日的成交量已经超过300万股。在重负之下,纽约证券交易所的投机机制有可能面临崩溃。没人能够预先知道1901年创下的交易纪录将来是否能够被打破,但我们可以合理地认为,用不了多久,关注股市日常变化的人将不再仅仅局限于那些在纽约证券交易所附近操盘的职业投机者,因为现在已经涌现出一大批深度关注股价日常波动的投资者和投机者。

——— 第三章 ———

股票投机与赌博

第三章　股票投机与赌博

投机与赌博之间有什么区别呢？这两个词经常被交替使用,但投机是一种需要智力的行为,而赌博则是盲目地碰运气。很难对两者下确切的定义加以区分。再说,无论什么定义都是很难下的。比方说,我们可以给"诙谐"和"幽默"下定义,两者之间虽然有非常微小的区别,但可以混用、相互替代,投机和赌博的情况也基本如此。投机也有一些运气的成分,而赌博也不是没有一点理性。我们只能尽我们所能来对投机和赌博进行定义。投机是一种基于周密估算的冒险行为,而赌博则是不做任何估算的冒险行为。法律也是这样对两者进行区分的:法律支持投机,但禁止赌博。凡是商业行为多少总带有一点投机色彩,但投机这个词通常严格局限于指异常不确定的商业交易。在一些不知就里的人看来,投机有很大的运气成分,因此不受规则的约束,也没有规律可循。其实,"这样想就大错特错了"——一位不知名的撰稿人如是说。

那么,经纪人到底是交易商、投机者还是操纵者或者赌徒呢？或者说,经纪人、交易商、投机者和操纵者是不是都是赌徒？有一名经验丰富的投机者对这个问题持这样一种多少有点幽默的看法:"我不是赌徒——经纪人是赌徒,我是一只羔羊,但确实没被剪过羊毛。我也是染上了一种坏习惯的受害者。我进赌场玩玩,就会有是赌徒的负罪感。可我不是赌徒,或者说,最多只能算是业余爱好者,偶尔玩玩而已。那些赌局的庄家和经营赌场的老板才是职业赌徒。现在,股票经纪人在股票投机中扮演的角色,就如赌场里的庄家在他们这个特殊行当里所起的作用。当然,股票经纪人背后还有股市操纵者和操纵股市这种赌博。股票经纪人除非'对敲'自己的单子[当他们像那些对敲公司(bucket shop)经营者那样操盘时],否则绝不会赔钱。因此,可以说,股票经纪人只是赌场里的'庄家',那些把保证金股票投机作为唯一收入来源的股票投机者才真正称得上赌徒。"

从现在的用法来看,"投机"和"赌博"基本上可以混用,但这两个词之间有一个明显的区别:投机者并不一定都是赌徒,但股票赌徒(即股票投机商)都是投机者。只有保证金交易才可能由股票投机变成股票赌博。

现在,我们来举例说明。

例1:某甲走进一家股票经纪公司营业部询问:"您怎么看股市？"经纪人回答说:"我们听说,'圣保罗'(St.Paul)开盘会涨几个百分点,可以买进。"甲回道:"那好,帮我买100

股。等它涨 2 个百分点后,就卖掉获利;下跌 1 个百分点,就割肉止损。"很明显,这是在下赌注,赌博的味道很浓,而某甲本人也把自己当作赌徒。

例 2:某乙也来到这家经纪公司营业部,问了同样的问题,也得到了相同的回答。然后,乙对经纪人说:"那好,请替我买 100 股,回头把单子送到我的办公室,我给你支票。"乙是全额付清了购股款,并没有做保证金交易。显然,乙是把自己当作投机者。如果叫他赌徒,那就是在骂他。

例 3:某丙是个股票交易员,也是交易所会员。如果你问他是干什么的,他就会回答说,自己是交易员。如果你进一步问他交易员是干什么的,他就会告诉你:"在我看来,交易员就是在赌博。所以,不管是多仓还是空仓,不轧平仓位我是不会下班回家的。我会利用市场的最小变化把损失减小到最低限度——0.125%或者 0.25%;当然,我也想大把赚钱,但从不放过赚小钱的机会。我擅长预测大盘的动态变化。无论涨跌,我两边都做,但从不发表看多还是看空市场的任何评论。"

对敲公司的操盘手和交易员都是赌徒;股票投资者不是赌徒;股票经纪人和股市操纵者不一定是赌徒,要视具体情况而定。

以上例 2 无疑会引发争议,但乙的观点是,他并不比希望赚 10%的利润而买进一块地的人或者预期价格上涨或者下跌而买进或者卖出商品的商人更具赌博性。

不过,股票投机并不是因为上述各类投机者接近于赌徒而变得重要。相反,接近于赌徒的股票投机者毕竟只占少数。股票投机有时难免带有赌博的色彩,但是,股票投机与美国的货币市场和商业已经紧密地交织在一起,把它排除在商业世界之外,就会导致人类文明倒退。

对于股票投机的评论,就像对于其他交易、艺术和科学的评论一样,要想具有说服力,就应该采用辩证的方法,而不应该像有些教士和媒体那样,有时不分青红皂白地谴责股票投机,好像证券交易所和华尔街就是腐败的温床。

有识之士绝不会怀疑证券交易所或者股票投机的用途。证券交易所的股票交易价格反映了股票的价值和交易状况,就像温度计对冷热的反映。股票市场是世界上组织程度最高、调整最灵敏的市场,它向公众大量供应对于任何银行来说都是优质担保品、在任何交易日都可以变现的证券,而且还赋予货币市场巨大的灵活性:它是应对货币市场出现非预期需求的有效手段,提供了一种能使国际贸易黄金使用量最小化的交换媒介,而且也是现代信用体系一个极其重要的组成部分。倘若股票市场和可转让证券从今天美国的经济生活中消失,我们来看看如果欧洲需要用黄金来支付信用差额,那么结果会好吗？如是这样,结果就是导致世界工业陷入停滞。证券交易所促进了对资本的利用,提高了资本的生产率,它是精确记录美国银行不可或缺的信用的机制,并且还是美国商人和金融家的行动指南。

—— 第四章 ——

华尔街的道德操守

第四章　华尔街的道德操守

有一家重要报纸(1902年)曾发表评论员文章对华尔街的道德操守进行过评论。文章表示,华尔街的道德操守在某些方面与其他地方不同。如果这里的"morality"是指华尔街和其他地方长期形成的道德操守或者一般规则,那么就看不出华尔街的道德操守与一般商业道德规范之间有任何本质上的区别。

凡是商业活动,都是为了"赚钱",而不可能是为了其他别的什么。华尔街在这方面肯定不同于任何其他商业活动场所或者中心。一个商业中心或者一组工业企业在道德品行问题上不同于其他商业中心或者其他工业企业的地方,也许只是道德规范细节而已。从目前的情况来看,华尔街相对于大多数其他商业中心而言的优势就在于它的道德规范细节方面。前面已经说过,华尔街的交易机制就是建立在严格遵守所约定的交易条件和所达成的口头协议的基础上的。的确,对于华尔街业务活动的顺畅进行,这种信用机制是绝对不可或缺的,但这种信用机制所要求的高标准也的确只有华尔街能够做到,违规行为在华尔街是极其罕见的。

现在有那么多人质疑华尔街的道德品行,并且在拿华尔街的道德品行与其他商业中心比较后得出了不利于华尔街的结论,其中的一个原因也许就是:华尔街不像其他商业中心那样善于掩饰自己的原始激情以及贪婪和自卫的本能。任何地方的证券交易所都是一个各种原始激情角逐的场所,就如同古罗马角斗士格斗、毫无隐藏或者伪装的竞技场。每一个进入竞技场的人都知道,他们将进行一场激烈的角斗,因此必须保持镇静;为了免受失败的惩罚,他们必须全力以赴。"战争就得有战争的样子",这句法语谚语很好地描绘了在华尔街从事交易活动的状况。在其他地方经商,也许情况有所不同,但最大的区别就是,在华尔街没有伪装,也没有掩饰。不管怎样,竞争的基本内容处处相同。华尔街曾经发生过欺诈,不幸的是,偶尔还会继续发生,而且从细节上看是华尔街特有的欺诈,但这既不是华尔街的本质,也不是华尔街游戏规则中固有的东西。

的确,与其他地方的投机比较起来,华尔街的投机看起来特别不道德。然而,原材料或者商品投机几乎是每个制造商或者商人商业活动的一部分,因此,没有人会认为,他们这样做有什么过错。华尔街的投机是赤裸裸的,没有商业活动所采用的任何掩饰,任何人都能看到。就本质而言,华尔街投机与其他地方的投机并无二致,两者之间唯一的区别就是,前者没有掩饰,而后者则进行掩饰。此外,也许还应该指出,无掩饰的投机通常要比有企业经营活动掩护的投机更加真实可信。其实,是人都有赌博心理,而且总是多少有点"快速发财致富"的想法,因此,"不劳而获"的机会对于人类永远都有不可抗拒的诱惑力。

显而易见,人们普遍猜疑并敌视华尔街的根本原因在于:在光天化日之下公开、直截了当(不加任何伪装或者说没有任何伪善,也毫不掩饰自人类在地球上出现以来就有的激情)地追逐金钱。即使投机有错,能强加在华尔街头上的主要罪名也只能是华尔街公开执行简单而又严格的规则,而且并不关心哪些人知道这些规则。其他地方的情况其实也完全相同,只不过采用各种各样的方法进行了掩饰而已。当前,大部分商业活动由于它们的性质必然包含大量的投机因素,我们不能因为华尔街的投机是大大方方进行的,就认为它更加不道德。

习惯说谎的人倘若在其他地方没有用武之地,那么就更难在华尔街有所作为。而不守信用的人在华尔街就根本找不到立身之地。诚信也许确实是在华尔街立身的最佳策略,这一点没有人能够否认,原因很简单,就是不至于惹上麻烦。事实上,诚信是长期成功的唯一策略。我们认为,完全没有必要对华尔街的道德操守评头论足。

第五章

科学投机[1]

---
[1] 道氏理论。

第五章　科学投机

经常有人问到底有没有一种像"科学投机"这样的方法。已经有人对这个问题给出了不同的回答，而且是一些多少有点肯定性的回答。但是，已有的回答一般都不够直接，加上了那么多的限定条件，因此几乎没有什么实际用处。不过，也有人根据一些操盘手的经验总结出了一些值得关注的一般规律。

"贱买贵卖"这句格言可以说就像投机一样历史悠久，但还是留下了一个有关"一种商品什么时候便宜、什么时候贵"的问题没有得到解决。而且，这个问题才是投机的关键所在。

罗斯柴尔德(Rothschild)家族祖先的资产买卖原则就是：对于价值已知的资产，最好在别人想卖的时候买进，而在别人想买的时候卖出。这句话包含了大量的真知灼见。公众作为一个整体常常是在错误的时候买进，而且又在错误的时候卖出，原因就在于市场有时被人为操纵。公众在被人为操纵的上涨行情中买进，大盘随后会顺势而上，而公众在操纵者们想卖出的时候买进，又在操纵者们想买进的时候卖出。

有些经纪行的交易员通常与他们的外部客户反向操作。当经纪行有交易员说"我们的客户都在做多买进股票"时，这些交易员就会卖出；而当经纪行表示"客户们都在做空卖出"时，他们就会买进。当然，也有例外。要是没有例外情况出现，这些对敲公司的经营者早就个个赚得盆满钵满。当大盘大幅上涨时，公众虽然在平时看来错误的时候开始买进，但还是能够赚钱。遇到这种情况，这些对敲公司不是赔钱，就是为了保住客户交到它们手里的那点钱而不得不平仓。

以上种种情况都证明了，罗斯柴尔德家族祖先买卖价值已知资产时奉行的原则"当公众普遍准备卖出时买进，而当公众普遍认为该买进时就卖出"的正确性。

丹尼尔·德鲁(Daniel Drew)常说，"跌则止损，涨则趋利"。这句话没错，可惜，"丹尼尔大叔"在他的晚年并没有身体力行；否则，他的晚年境况就会好些。这一洞见无疑是一条正确的交易原则，它的意思就是，"一只股票买进以后，如果价格上涨，那么最好耐心等待；但要是价格下跌，则最好赶紧止损，因为之前买进这只股票的分析是错误的"。

公众作为一个整体，恰恰是反这条准则而行之。散户看到自己买进的股票有两三个百分点的收益就会卖掉获利；而如果看到股价比买进时下跌了两三个百分点则会持股观望,希望股价能涨。但结果往往是,眼睁睁地看着两三个百分点的亏损扩大到了10个百分点。于是,他们就会失去信心,为了保住仅剩的保证金而在股价跌到底部附近时割肉卖掉了手中的股票。

有多少股民在翻阅自己的账簿时痛苦地发现,有那么多的小笔收益被一笔大亏损所抹平。当股民翻阅账簿发现自己赚多赔少时,就可以认为自己正在学会如何做股票交易。

但是,这种方法执行起来会遇到麻烦,因为一连串的小额亏损(譬如说一点多到两点的损失)非常令人气馁。在如能再持股几天就不必承受亏损的情况下,股民看到自己连续两三次因止损而亏掉了2个百分点,那么很可能会决定不再止损,而是持股等待,但这次股市就是没有止跌回升。

杰伊·古尔德(Jay Gould)先生曾经说过,他奉行"努力预测资产的未来状况,然后谨慎下单,最后以极大的耐心等待结果"的交易策略。这种策略听起来也算合理,但执行起来比较困难。如果真有预测未来的能力,这确实是一种最明智的策略。但很多人试过这种策略,结果发现,万一遗漏了什么基本要素,就会导致对未来的预测毫无价值,而他们的胆略和耐心也几乎没有用武之地。不过,我们也不能因为这种策略执行难度大就轻易弃之不用。一定限度的未来是可以预测的,现在总要走向未来,只要仔细观察,总能从现状中发现一些危险或者鼓舞人心的征兆。

―― 第六章 ――

两种一般交易方法①

---
① 道氏理论。

第六章　两种一般交易方法

股票交易有两种一般方法。第一种可用来做表现活跃的股票金额较大的交易,并且可以通过设置止损点来加以保护。采用这种方法交易,无须了解股票的价值,但最重要的一点是,必须选择表现充分活跃的股票,足以在所选点位上止损减少损失。在买进股票后,交易者可以采用这种方法对股票走势进行推测:如果推测正确,就任由股价上涨(收益扩大);倘若推测失误,就能在止损点离市出局。如果能够做到推测正确的次数与推测失误的次数持平,那么也肯定能够赢利。

第二种方法反映了一种完全不同的交易主张。采用这种方法需要满足以下几个前提条件:交易者大致了解自己打算做的股票的价值;研究过大盘的走势,完全清楚自己打算做的股票价格是相对较高还是较低;至少还对这只股票在未来几个月里的价值充满信心。

如果以上条件得到满足,那么交易者就可以根据理论来安排自己的行动计划:他们可以在自己认为适当的时候和适当的价位上先买进一定数量的所选中股票;然后等股价每下跌1个百分点,就买进相同数量的股票。

大操盘手一般都会采用这种操作方法。他们了解自己打算要做的股票的价值,因此在股价下跌后会适当买进。他们对股票很有感觉,就像商人对自己经营的商品。如果某件商品卖100美元还算便宜,那么他们知道在90美元买进就更加便宜,并且还会等到价格跌到80美元或者70美元时再买,因为他们知道价格必然会回涨。大操盘手就是用这种方式来盯住自己看好的股票,这也是他们常常能够在他们看好的股票上赚钱的原因。

普通股民采用这种操作方法存在两方面的不利因素。第一个不利因素是,他们不可能确切了解某只股票的价值,也就是说,他们也许在某种程度上了解某只股票的真实价值,但由于了解程度不够,因此,结果可能会受到某个未知因素的干扰。当手中的股票大跌时,普通股民总会担心自己是否忽略了某个重要因素,于是就想平仓,而不是补仓摊薄成本。

普通股民采用这种操作方法的第二个不利因素是,他们通常没有足够的资金满足这种操作策略的需要。很多股民认为,10%是常见的股票投机保证金比例,有1 000美元就能每次100股地分批买进股票。但是,这种想法会导致亏损接连不断。

如果分批买进，1 000美元恐怕连10股一买都不是十分富余。比较表现活跃的股票1年内曾经达到的最高价与最低价，常常能发现两者之间的价差竟高达30个百分点。任何一个打算追跌的操盘手想批量买进，都应该做好股价可能下跌20～30个百分点的准备。假定某个操盘手直到自己选中的股票从顶部下跌5个百分点后才开始买进，那么在股价止跌回升前仍可能要买进20批次。

然而，如果一个不懂行的新手有2 500美元的资金，并且按10股一批次做一只铁路蓝筹股，他在一波上涨行情中股价下跌5个百分点后开始买进，在一波下跌行情中股价下跌了10个百分点后追跌，股价每下跌1个百分点就买进一批次，最终持有所有买进的股票，那么几乎肯定不会赔钱。

这种操作方式需要时间、耐心，坚持既定操作策略不变。但是，凡是奉行这种操作策略的人都将发现，自己的投入资本能获得很高的回报率。华尔街有句老话：带着发财的心愿开始做股票投机的人通常会把本钱全部赔光；而只希望获得一般回报率的人做股票交易，反而倒能发财。

上面这句老话只不过是"钱要靠保守的交易来赚，而不能通过冒大险牟取暴利的方式来赚"这句话的另一种说法而已。在考虑了各种可能遭遇的风险之后，我们认为，上面这个想做股票交易的新手采取小批量买进的操作方式(而不是其他任何方式)，并且只要注意下面几个要点，就能以更高的概率赚钱。出于方便考虑，下面我们按顺序逐一介绍这个新手应该注意的要点。

第一，牛市和熊市一般每隔四五年交替出现一次。根据股价平均指数，就能确定股市是处在牛市还是熊市。

第二，确定要做的股票(一只或者多只)。可以选择派息的铁路股，价格既不太高也不太低，而且表现活跃。从多方的角度看，铁路股的价格低于价值；而从空方的角度看，铁路股的价格又高于价值。股票的价值可以根据股息留存收益粗略估算。

第三，结合大盘最近的趋势来观察手中股票的走势。在牛市中，如果一只股票的价格从最后一个前高下跌了四五个百分点，那么就到了买进这只股票的时候；在熊市中，如果这种股票的价格从底部反弹了三四个百分点，那么就应该抛掉这只股票。

第四，坚决持有已经买进的股票，直到获得合理的收益，或者有充分的理由确定先前对股票价值的估计有错为止。务请记住，一般来说，表现活跃的股票在不利的市场条件下反弹的幅度相当于跌幅的 0.375%～0.625%,而在有利的市场条件下就会反弹得更多。

第五,在不会导致不安或者负担过重的情况下,应该持有充足的资金静观行情下跌。2 500美元的资金应该能够满足股价每下跌 1 点买进 10 股的操作需要,也就是说,假定第一批次 10 股在股价从顶部下跌 5 个百分点后买进,2 500 美元应该能够坚持到股价从最低点自然反弹导致按平均成本买进的那个批次股票出现盈利为止。我们不指望每批次买进的股票都能获利,但按平均成本计算可望盈利。在牛市中,最好始终做多;而在熊市中,最好做空。熊市中的反弹通常要多于牛市中的回跌。

第六,千万不要因为每批次 10 股的操作策略成功地赚到了钱而忘乎所以地认为,更明智的做法是采取更大胆的操作策略,并且在资金不足的情况下开始按每批次 100 股的方式操作。于是,没几笔每批次 100 股的交易就把很多笔每批次 10 股的交易好不容易赚来的利润全部给抹光了。

第七,采用每批次 10 股的操作方法做空,通常不会遇到很多困难。要是委托某个经纪人做每批次 10 股的交易,他不愿接受委托,其他经纪人可能愿意接受,特别是一个用心保护自己账户并且看上去明白自己在做什么的客户做出的委托。

第七章

三个一般结论[1]

---
[1] 道氏理论。

第七章　三个一般结论

根据前面一章谈到的大操盘手的市场经验,我们似乎可以总结出三个一般结论。

第一个就是市场的表面现象常常具有欺骗性;第二个就是在股票交易中"跌则止损,涨则趋利"不失为一种不错的选择;第三个就是正确预测未来是一种可靠、简易的致富途径。现在的问题是,如何才能采用一种注重实效的方式将这些无疑是行之有效的结论付诸实施。

我们先联系买进时机来看看股票市场的总体趋势。股票市场总被认为有三种同时出现的运动趋势。第一种是日常窄幅运动趋势;第二种是持续短则2星期、长则1月或更长时间的小幅运动趋势;第三种是至少持续4年的主要运动趋势。

除了不付佣金的场内交易员外,其他投资者不应该关注日常运动趋势。第二种次级运动趋势是一种在一般情况下都要考虑的运动趋势。非职业交易者每次交易不宜超过两三只股票,而且应该持续关注这些股票的价格走势图,以便了解它们在几个月或者几年里的价格走势,从而能够随时掌握自己手中的股票相对于大盘走势的运动趋势。

非职业交易者在记录其股票价格走势的同时,还应该坚持记录自己手中股票的成交量,并且标注有关手中股票的任何特别事件,如收益增加或者减少、固定费用的增加、流动债务的变化状况,最重要的是每个月的实际股息留存收益。他们还应该通过每天公布的股票价格平均指数来观察大盘走势[1],因为股价平均指数要比任何个股都能更加清晰地反映大盘走势。

这样做的目的是让交易者首先能够确定自己手中持有的股票的真实价值;其次是无论股价涨跌,确定有利的买进时机。假定30天的股价波动幅度约为5个百分点,那么当波动幅度已经超过3个百分点时就非常不适合买进,因为这时买进最多只能获得2个百分点的盈利。

因此,一般来说,明智的做法是在下行趋势中寻找低点。例如,假设联合太平洋(Union Pacific)是一只正被考虑买进的股票,这只股票的卖出价明显低于其价值,大盘正处在一个4年期的牛市中。又进一步假设:在一个回调阶段,联合太平洋铁路公司的价

---

[1]　请参阅《华尔街日报》。

格已经从前期的最高点下跌了4个百分点;该公司的盈利不错、前景向好,而大盘走势比较平稳。

从以上假设条件看,这可能是开始买进联合太平洋股票的时候了。然而,谨慎的交易者可能只会建部分仓位,他们也许会买进自己想买数量的一半,在股价下跌后再下单买进剩余部分。股价的跌幅可能比预期的大,因此必须等待很长时间才能盈利;甚至还可能因出现其他什么情况而抛掉先前买进的股票,以便等股价大跌之后再回补。

不管怎样,这些都是例外情况。在大多数情况下,采用这种根据对选中股票价值的明确感知并通过密切观察大盘走势选择买进时机的方法,交易者就能确保在适当的时候和适当的价位上买进股票,从而获得可观的投资回报。

第八章

主要运动趋势中的次级和日常运动趋势①

---

① 道氏理论。

第八章 主要运动趋势中的次级和日常运动趋势

有一名读者来信询问:"一段时间以来,您撰文看好现市,但又说后市不容乐观。如何解释两者之间的关系?"

经常有人以不同的方式问我们这个问题,这说明他们不熟悉股价在一个较长时期内的波动情况。很多人似乎认为股价波动在一天内就能完成,与市场当下所处的大势没有任何关系。其实,根本就不是这么回事。

事实上,股市同时会出现三种界限分明、相互交织在一起的运动趋势,而且这一点是确定无疑的。第一种是由于局部原因以及某个特定时间买卖价差造成的日常运动趋势;第二种是持续10~60天、平均可能是30~40天的次级运动趋势;第三种是持续4~6年的主要运动趋势。

在研究市场时,只有同时考虑这三种趋势才能把握住机会。如果大盘处在主要上升趋势中,那么出现回调就是投机机会;但如果大盘是在主要下降趋势中,那么反弹就是可以利用的投机机会。

牛市做多一般不会赔钱;同样,熊市做空通常也不应赔钱。只要平均指数的新高超过前期的高点,就是牛市的表现;而新低低于前期的各个低点,那么就是市场转熊的迹象。通常很难判断一轮上升趋势是否已经接近尾声,因为价格波动有可能是主要趋势发生了变化造成的,也可能只是一次非常明显的次级趋势促成的。

交易者首先要考虑的就是自己打算交易的股票的价值;其次是确定股价的主要运动趋势走向(据我们所知,每天记录下来的价格走势在这方面最具指导意义[①]);最后就是确定次级运动趋势的状况。

譬如说,假定我们选中了联合太平洋铁路公司的股票;该股的价格走势显示其正在进入上升通道;过去30日的价格高点是108美元;股价已经随大盘缓慢下跌到了98美元,但没有出现新的特别情况。现在可能是进行以下操作的机会:在这个价位买进部分股票,然后在股价下跌或者显示出明确的上涨趋势后再进行补仓。因此,明智的做法是,静观大盘走势,等待上升趋势的到来。

---

① 请参阅《华尔街日报》。

在以上条件下，牛市中出现 10 个百分点的跌幅，几乎可以肯定会引发 5 个百分点以上的反弹，就是反弹 10 个百分点也不为过。所以，只要大盘保持良好的势头，那么明智的做法就是等待 5 个百分点反弹的出现，然后再考虑是否要下止损单。

即便在熊市中，这种交易方法通常也被认为十分安全，但获利应该较少，因为市场可能会出现利空因素，从而遏制大盘反弹。

第九章

解读市场的方法[①]

---
① 道氏理论。

第九章 解读市场的方法

有读者来信询问以下问题:"有没有办法通过股市行情表、交易者自己的交易记录或者股价波动概要等文献来预测股票市场的走势?""交易应该具有某些含义,但交易者怎样才能解读交易中蕴含的意思?",等等。

其实,这些都不是什么新问题,它们有多种不同的答案或者解决方法,很难说哪种方法正确或者能百分之一百地令人满意。不过,有些方法还是比较实用的,有时可供参考。

有一种方法叫作"记账法"。按照这种方法,股票价格每波动1个百分点,就把它记在簿子上,这样过一段时间就能把这些点连成一条大致水平的曲线。但是,这条曲线会随着股价的涨跌而升降。有时,一只表现活跃的股票价格一直停留在一个狭窄的区间(比如说2个百分点)内上下波动。这样,时间一长就会形成一条长长的水平线。这样的曲线有时意味着这只股票的筹码已经相当集中或者分散,从而会导致其他人同时跟进买入或者卖出。有一种理论认为,通常可以用这种方法来发现有人正在为操纵股市吸纳筹码,过去15年的这类数据记录似乎也支持这种方法。

另一种方法叫作"双顶理论法"。现有的交易记录表明,在很多情况下,在一只股票触顶前,价格会出现温和下调,然后又回升并逐步趋近于最高点。如果股价出现这样一次波动之后再度调头下行,那么就很可能要下跌一定幅度。

但是,如果有人试图单用这种方法做交易,那么就会发现很多例外情况,而且还会发现很多时候根本就看不到任何信号。

也有人根据均值回归理论来做股票交易。在一段相当长的时间里,大盘的上涨天数与下跌天数大致相同。如果大盘一连上涨了很多天,那么几乎可以肯定,将会出现相应天数的下跌。

采用这种理论进行股票交易的麻烦在于:小幅波动总是大幅波动的一部分。虽然从长期看,股市的上涨天数和下跌天数很可能趋同,但确实也可能出现不同涨跌天数组合的情况,而且还可能出现长期盘整行情,或者不寻常地接连上涨或者下跌很多天。从长期看,这种情况也符合这种理论,但对于根据将出现许多短期行情的预期进行的操作可以说是灾难。

有一种基于作用力与反作用力定律的理论要实用得多。根据这种理论,股票市场似乎存在这样一种情况:大盘的每一次主要运动一般都伴随着一次方向相反的次级运动,次级运动的波动幅度至少要占到主要运动的3/8。如果一只股票价格上涨了10个百分点,那么很有可能出现4个百分点以上的回调。而且,无论股价涨幅有多大,这个定律似乎都适用,股价在上涨20个百分点以后,经常会出现8个百分点以上的回落。

当然,股票市场不可能预先告诉我们任何一次主要运动会持续多长时间,但有一点可以肯定,股市的主要运动持续时间越长,回调一旦出现,幅度就越大,因此利用回调行情做成交易的把握也就越大。

有些经验丰富的操盘手采用一种所谓的"响应法"。这种方法的基本原理是:股票市场总是受到程度不一的操纵。一个设法拉升大盘的大操盘手不会也不可能买进所有上市公司的股票,而是通过合理购买或者操纵的方式拉高两三只领头股的价格,然后静观其他股票的动静。如果市场情绪向好,股民们都准备建仓持股,那么,那些看到两三只股票价格上涨的股民立刻就会开始买进其他股票,而大盘就会被拉升到一个比原先高的水平。这就是股民们跟进响应的结果,也表明龙头股会进一步上涨,而大盘则会跟进。

然而,如果龙头股价格受操纵后上扬,但其他股票没有跟进,那么就说明股民大众没有建仓持股的意向。这种情况明朗后,操纵者一般会停止拉升股价的行动。这种交易方法主要由那些看盘交易的老手使用。但在当天收盘后,通过交易记录观察哪些股票在哪些交易时段价格被人为拉高、大盘有没有跟进,就能发现运用这种方法操纵股市的蛛丝马迹。解读股市的最好方法就是从股票价值的角度去解读市场。股票市场并不是一只随风飘动的气球。总体而言,股票市场反映了那些目光远大、见多识广的人士在经过深思熟虑以后为了让股票价格接近其已经存在或者在不久的将来可望存在的价值而做出的认真努力。大操盘手考虑的不是能不能拉高股价,而是他们打算买进的股票的价值能否在6个月里促使投资者和投机者在比现价高出10~20个百分点的价位上买进股票。

因此,解读股市的要点就是,首先发现某只股票在未来3个月仍能物有所值,然后观察操纵者或者投资者是否在把这只股票的价格推高到预期的价位。通过这种方式,就能非常清晰地解读股票市场上出现的各种价格运动趋势。要想了解股票的价值,就必须读懂市场不同运动趋势的含义。

―― 第十章 ――

止损单操作方法介绍

第十章 止损单操作方法介绍

有一个读者来信问:"我的经纪人建议我通过下止损单来保护自己的交易。可我好像觉得,由于经纪人要收取佣金,因此下止损单对他们有好处,而他们的客户则要蒙受不必要的损失。您是否建议投机者下止损单呢?"

关于这个问题,我们可以通过采集大量的股价波动数据并观察股价的平均指数来回答。我们认为,对于保证金交易者,尤其是那些超保证金额度操作的交易者来说,下止损单是一种明智的选择。不过,设置止损点有很多限制条件,因此必须倍加注意。

如果某人作为准投资者在做股票交易,依据获利情况确定是否使用 50% 的保证金进行交易,并且顺应大盘的主要趋势进行操作,那么,我们认为他没有必要设置止损点。为了更清楚地说明这个问题,我们假设:股市的平均指数显示大盘处在一个上升期(上升期通常要持续几年,其间只会出现一些暂时的回调);这位老兄利用一次暂时回调的机会买进了一只股票,必要的话可持有该股票几个月,一直到股价上涨到接近其价值水平为止。在这样一个保证金如此宽裕的案例中,傻瓜才会设置止损点。

然而,如果我们假设交易者只有 2 000~3 000 美元的保证金,他做股票交易从不考虑股票的价值,而且总是被股价的涨跌点数和对大盘的感觉牵着鼻子走,那么经验告诉我们,该交易者通过把止损点设在距离买入价大约 2 点的价位上,最终能够获得 2 个百分点左右的盈利。如果有人建议说某只股票价格会涨,而结果下跌了 2 个百分点,而且这次下跌并没有什么明显的原因,那么,这显然不是什么好的建议,而投机者则越快平仓越好。

事情往往会这样:如果某只股票下跌了 2 个百分点,那么就还会进一步下跌。而我们人类的思维有一个奇怪的特性,那就是不在乎很小的损失,但等到发现要割肉斩仓时才会感到害怕,结果少不了要蒙受很大的损失。

很多交易者都说,在亏损 2 个百分点时,他们会继续观望,看这只股票是否会变得毫无价值,要等到下跌 10 个百分点以后才会有充分的理由认定,股价还会继续下跌,应该采取相应的措施。大多数交易者的经验表明,设置止损点虽然会造成小损失,但能使他们的交易只受这么点小损失;而如果放任损失不管,那么损失往往会大到导致交易就此完蛋,因为投机者再也没有钱追加保证金了。

股市大操盘手大多认同"跌则止损,涨则趋利"这句格言,大概有十来个人为这句格言的原创做出了贡献。尽管下止损单的人通常不可能依靠股票交易发什么大财,但是,这句格言的原创者们大多仍愿意践行这条格言。他们经常看到资金不多的人也想炒股,因此认为设置止损点是明智的做法,而且这种操作方法特别适合资金不多的股民。

能在股市赚大钱的人几乎总能看清大盘走势,然后大量买进他们认为肯定大涨的股票。这类股票既可用现金买进,也可用保证金高倍杠杆买入,然后持有数月乃至数年,直到出现丰厚盈利。

我们来看看过去 6 年或者自 1896 年以来出现的盈利机会。其间有 20～40 只股票,任何一只都能在 20 美元左右的价位上买进,然后在 80 美元以上的价位上卖出。在那段时间里至少有一半的股票价格高于面值。虽然这么好的获利机会不可能年年出现,但是,发现某些股票价格低于其价值因而价格上涨的机会还是有的。

对于严格意义上的投机来说,设置止损点常常是有帮助的。我们有可能在一次回调刚开始时买进股票。在这种情况下,根据"回调可能有 5～6 个百分点的幅度,然后可能会出现反弹,从而可减少 2～3 个百分点损失"的观点,尽快设置止损点通常不失为明智之举。设止损点或者下达止损指令对于外地交易者也有帮助,因为有时市场剧烈波动,经纪人来不及通知外地客户,当然也无法获得客户的交易指令。止损指令对于空头常常也很有用,因为股市有时在大跌后会快速回升,如果因受大跌惊吓而做空且不设止损点,那么就有可能眼睁睁地看着本已到手的盈利蒸发掉。

然而,下止损单的客户应该清楚下止损单的确切含义。譬如说,一个客户在 105 美元的价位上买进联合太平洋铁路公司的股票,就应该把止损点设在 103 美元上。这就等于告诉经纪人:"只要联合太平洋铁路公司的股票卖出价跌到 103 美元,请立刻以可获得的最好价格把我的股票卖掉。"

如果可获得的最好价格是 102 美元甚至是 101 美元,那么经纪人仍有执行客户指令的权限。因此,在下止损单时应该考虑相关股票的市场规模。仍以联合太平洋铁路公司的股票为例,在没有发生恐慌的情况下,应该让经纪人在止损价格以下 0.125%～0.25% 的区间内执行止损指令。在做拉克万纳(Lackawanna)或者芝加哥—东伊利诺伊(Chicago & Eastern Illinois)或者某些工业股票的交易时下止损单就可能非常危险,因为无法大致估计应该把止损点设在哪个价位上。

对于市场规模非常有限的股票,无论如何都不应该下止损单。至于其他股票,它们的价值或者说止损价格主要应该根据交易者本人采用的方法来确定。

第十一章

如何巧设止损点①

---
① 道氏理论。

第十一章 如何巧设止损点

我们在前几章已经讨论过交易方法问题。经验表明,每个交易者不外乎采取以下两种方法中的一种:止损或者建投资仓。我们现在来谈谈止损的好处。

任何一只股票的买家都有自己买进这只股票的理由:他们可能是听说了这只股票会涨;他们认为这只股票在以低于价值的价格卖出;他们觉得牛市正在形成;他们相信这只股票会以与其他股票相同的幅度上涨。就是这些或者类似的理由导致他们购买股票。

显然,只有一种情形下买家会买进自己不太了解的股票,那就是听信别人的建议或者劝告。如果别人的建议或者劝告是正确的,那么结果也会很好。而且在某些情况下,听从别人的建议或者劝告可能是明智之举。知道某个大操盘手或者某个大财团有正当的理由想把某只股票的价格从低点炒到高点,对于股票交易来说,没有比这更加好的事了。

然而,几乎人人都是在经历了惨痛的遭遇以后才明白"计划虽好,未必能成"的道理。大操盘手也会改变对市场走势的看法,而且他们大多明白在股票投机中想是一回事,而做则完全是另一回事。因此,靠消息买卖股票的人,即使消息来源可靠,也只有部分获利的保证。

在这种情况下,真正能保护这种交易者获利的方法是设置止损点。如果股价真的上涨,当然是皆大欢喜;但如果股价下跌,那么他们设置的止损点能帮助他们遏制损失,而那些虽然听信"市场始终正确"但没有止损的人最后总要蒙受更大的损失。

设置止损点的一般规则是,把止损点设在距离买入价 2～3 个百分点的价位上。凡是根据消息、癖好和传闻买股票的做法都应该属于"根据猜测买股",因此,这样买进来的股票都应该通过设置止损点来加以保护。交易者在查阅自己的账户时很少会因为发现由止损单造成的 200 美元损失而感到后悔,但往往会因为过度相信一个构建不当的仓位造成了 1 500 或者 2 500 美元的损失而悔恨不已。

设置止损点的困难在于,在不需要设置止损点的情况下设置了止损点,而且因股价跌到甚至跌破止损点而少赚收益。目前还没有什么好的办法能够解决这个问题。然而,采取具体情况区别对待的方法来设置止损点,不失为一种明智的做法。例如,假设一轮主要趋势显示牛市正在形成之中;一只像"联合太平洋铁路"这样的股票在这波上涨行情中已经出现一次 5 个百分点的回调;我们在距离之前出现的最高价 5 个百分点的价位上买进这只股票。

在这个例子中，如果股价下跌2个百分点以上，那么明智的做法很可能就是设置止损点，因为已出现的回调表明可能还会出现幅度比预期更大的回调。1899年12月就发生过幅度这么大的回调，当时设置止损点的多头都从中尝到了甜头。如果股价随后又反弹2个百分点，交易者又在初次买入的价位附近回补，那么聪明的做法就是，这次把止损点设在比回补价低3个百分点的价位上。这样做的理由是，相信这只股票不会再出现之前那么大的跌幅，因此，这个止损点不会被触及，也就是股价不会跌到或跌破这个止损点。

如果以上推理站得住脚，并且股价又上涨，那么，止损点可明智地设在比市价低3个百分点的价位上，然后坐等股价上涨好几个百分点，直到出现所谓的"触顶"迹象为止。然后可以把止损点提高2个百分点，并静观股价变化。在初次买进某只股票且对它还不太了解的情况下，设置止损点是头等重要的。在采用金字塔形交易法（也就是在多头市场上，股价每上涨一个百分点就买进等额的同一股票）进行操作时，设置止损点也非常重要，因为它可以用来防止盈利变成亏损。如果一只价格波动正常的股票出现回调，交易者既想保住大部分账面盈利又不想失去股价进一步上涨的获利机会，那么也应该设置止损点。但是，如果股票是在很便宜的价格上买进的，且买入后股价持续缓慢上扬，那么设不设置止损点就无关紧要了。这时要比其他任何时候都应该把止损点设在远低于市价的价位上，以免掉入上涨期中可能出现的小幅回调的陷阱。

在采用设置止损点的方法以后，交易者就能放心地买卖表现活跃但价值不确定的股票。否则，他们是不敢冒险碰这种股票进行投资的。在设置了止损点以后，交易者能做更大的交易，远远大于在没有止损点保护的情况下敢做的交易。可以说，止损点是活跃的投机者的好帮手。有了这个好帮手，这类投机者就有希望快速赚取高额盈利，而且还能进行以小损失撞大运的尝试。止损点也是小投机者、外地投机者和胆小的投资者的好帮手。不过，止损点应该只适用于市场容量大、表现活跃的股票，但不可用于表现不活跃的股票，因为卖方有可能因为股价跌至止损点而遭遇损失。

把卖出100股"联合太平洋铁路"股票的止损点设在75美元的价位上，就意味着只要在75美元的价位上有交易，那么就能按可获得的最好价格卖掉这只股票。如果当时的最好价格是74美元，甚至是73美元，经纪人仍要负责把股票卖掉。因此，有一点很重要，对于报价价差预期会很大的股票不应设置止损点。

第十二章

交易过度风险[①]

---
① 道氏理论。

第十二章 交易过度风险

经常有读者来信询问:"我用 100 美元的本钱炒股,能不能追涨买进,并通过止损来保护本钱?"

美国有很多人想用一两百美元的本钱来做股票交易。他们中的很多人以为,如果 1 000 美元可以作为 100 股股票交易的保证金,那么,做 10 股股票的交易,有 100 美元的保证金就足够了。我们姑且认为这一推理有它的道理,但对于 1 000 美元足够做 100 股股票交易的结论不敢苟同。

道理很简单,因为没有人能够保证自己能在价格触底时买进股票或者在价格见顶时卖出股票,也没人能够保证自己永远正确或者永不亏损。对于大多数人来说,炒股赚钱就是接连不断地做交易。如果 6 笔交易盈利、4 笔交易亏损,那么就赚到了净收益。炒股好手的经验表明,股票交易的费用,也就是说,股票交易的损失要占到总利润的 50%～65%。

根据这个损益比,一个炒民在某一特定时间炒股赚到了 10 000 美元的毛收入,同时有可能损失 5 000～6 000 美元,剩下的 4 000～5 000 美元就是净收益。在股票交易中,盈利和亏损往往会交替出现,但有时也会出现只赚不赔或者只赔不赚的情况。即使是那些已经学会炒股并且有很充足资金炒股的人,平均也只能实现占毛利润不到一半的净利润。

那么,一个只有 10%保证金的投机者尤其是一个刚入市不久的新手,在积累一定利润之前有多大的概率能扛得住损失坚持下去呢? 话又得说过来,如果一个投机者不管怎样,既能在正确的时间买进,又能在正确的时间卖出,那么 10%的保证金还是够用的。不过,打算未来做些什么与总结过去做过什么,可完全不是一回事。

在我们看来,一个只有 100 美元又想炒股的人应该采用以下两种方法中的一种。第一种方法就是,用全部 100 美元按低于面值或者价值的价格买进某只股票,然后持股等到股价涨到与价值持平。这样,他就能赚到 5%或 10%的利润。对于这种人来说,这很可能是最靠谱的方法。

另一种方法是做保证金交易,同时买进两三只股票,并且通过把止损点设在低于买入价 2 个百分点的价位上来保护自己手中的筹码。经纪人一般不愿接受这么小的交易委托，但如果他们相信某个客户在按照正确的思路做交易并且有可能赚钱，那么，由于他们相信这个客户将来一定会有所成就而完全可能不怕麻烦为这个客户提供服务。经纪人十有八九会认为，用100美元的本钱炒股真是滑稽可笑。不过，如果只做2只股票，那么情况就不同了。因为这样，这个新手就有时间挽回损失，又能恢复某种在适当时机出手的信心，而且还有机会学习积累经验。

我们完全同意，相同的推理也适用于用1 000美元买入100股的交易。虽然经纪人很可能会接受这样的交易委托，但仍不是不可能出现过度交易，也不是没有可能导致客户资金损失。这个新手用10%的保证金买进100股，并且把止损点设在比买入价低2%的价位上，结果损失了约相当于其本金1/4的资金。然后，他又再次尝试，并且可能赚到了1%的盈利。他的第三次冒险造成了3%以上的损失，而且几乎使他丧失了全部的信心，以至于在应该补仓的时候却选择了割肉斩仓，最终赔光了全部的本钱。

如果这个有1 000美元本钱的新手一开始只买进10股股票，那么就能承受损失，就有勇气补仓或者在低点买进其他股票，并且很有可能转亏为盈。如果在不同的市场条件下都能这么做，那么几乎任何人都能在股票市场上赚钱。从理论上讲，这种交易方式能够取得成功，因为它毫无风险，这样采用这种方式交易的人往往能做出明智的判断。但在自己的本钱面临很大的风险时，交易者就会受制于恐惧，而不能根据自己的正常判断做出决策，并且会采取与理论上讲应该采取的行为相反的交易行为。

补救的方法就是，把交易额控制在小于本钱的范围内。这样，交易者就能做出清醒的判断，并且有足够的能力在出现亏损后及时止损，加倍买进持有其他股票，并且从容大胆地行动，而不是因为知道安全系数很小而缩手缩脚，以至于在被强制平仓之前只能无奈地焦急等待。

无论本钱多少，如果股民在做股票交易时只想获得每年12%的盈利，而不是每星期50%的暴利，那么从长期看就能获得比12%高得多的盈利。虽然在涉及我们自己的事业时，这个道理我们大家都明白，但是，任何谨慎、用心地经营商店、工厂或房地产企业的人似乎都认为，做股票交易应该采用完全不同的方法。实际上，情况并非如此。

第十三章

交易方法[1]

---

[1] 道氏理论。

第十三章 交易方法

有一名读者来信询问:"生活在离华尔街较远的人怎样才能密切关注股市,并通过股票交易赚钱呢?"

经常有人以不同的方式问起这个问题,而这个问题也表明,提问者对如何进行成功的股票交易存在误解。很多人似乎认为,交易者在华尔街就能知道市场走势。然而,事实并非如此。越是熟悉股票投机的人,除了对市场一般条件外,越是不能确定某一波具体的市场行情。

在华尔街交易与在其他地方交易之间只有在一个方面存在明显的区别:总盯着股价自动收报器或者行情牌的操盘手一看到新的信息就能立即做出反应。不过,能够快速做出反应常常被证明是一个不利因素,因为经常会导致在错误的时候做出反应。

外地投机者除非通过私人电话线能像对待自己的本职工作那样持续跟踪市场行情,否则就尽量不要随意根据市场变化快速做出反应。这类投机者应该从投资的角度做长线交易;也就是说,不应该买卖偶尔表现活跃的股票,也不要计较几个点的得失,但必须几乎完全根据大盘很可能出现的走势的确凿证据以及自己中意的特定股票的价格与价值相对状况进行股票交易。

首先需要考虑的问题就是,投机性投资应该关注哪些股票或者怎样的股票。我们可以说,在通常情况下应该关注铁路股,因为铁路股按时支付股息,定期公布总收益和净收益等数据,而且每年至少详细披露一次公司的财务和经营状况(当然公布次数越多越好)。

假如能够主要结合公司维持或者增派股息的能力一起来考察,那么就有可能相当准确地知道这种股票的价值。如果某只铁路股估计有可能继续维持当前的股息水平,而成本回报率也显示它已成为一种令人满意的投资资产,那么只要这只股票的价格随着大盘的下行跌到其正常水平以下,就可以考虑买进这只股票。

下面以联合太平洋铁路公司的股票为例来加以说明。几个月前,这只股票的卖出价一直在59~60美元波动,股息率是4%,但有消息称,联合太平洋铁路公司的收益率将提高到8%以上。这显然是一只价格低于价值的股票。在过去的几个月里,这只股票的价格上涨了30多个百分点。还有其他一些铁路股,从价值的角度看,价格也许并不能算便宜,但可以说也很值得关注。3个月前,铁路股的价值一般都高于它们的价格。

现在可以说,这样的股票已经所剩无几。这种情况应该会放慢非职业投资者的买入速度。买入的机会是会有的,而且好像已经开始出现,大盘正在下行,从而使股价重新回落到一个可以再度谨慎买进股票的水平。假定这样的机会真的出现了,那么非职业投机者的明智做法就是买入一只表现良好的铁路股,数量以自己能轻松用现金支付为限。买入后,即使价格下跌,也可以作为投资持有。如果股价大幅下跌,则可以再次谨慎买进,从而摊薄持股成本。当然,只有在仔细研究关于股票价值和大盘大势的实际情况以后,才可以进行如此操作。

持有这种股票,无须考虑当前的价格波动情况,而是应该坚决持有到出现令人满意的收益为止,随后就应该把手中的股票卖掉。接下来,非职业投机者应该等待机会,必要时得等上几周甚至数月,到条件有利时再买进这只股票或者其他股票。

天天盯着市场做短线的非职业投机者不大可能取得显著的业绩,倒是那些认真选择投资资产等大盘下行后买进并能耐心等待买入和卖出时机的非职业投机者——总之是那些把投机作为投资来做的非职业投机者——更有可能在股票投机中赚钱。

有一名读者写信来问:"是否有一种方法能让无法时刻关注市场波动的非职业投机者享有相当的机会在股市中赚钱?"

我们认为有两种方法,只要采用其中一种,非职业投机者就能享受相当的投机机会。第一种方法就是买进股票作为投资。也就是说,在股票价值低于价格时用现金买进,然后等到价格上涨到价值的水平后卖出,这样就能从中赚取差价。

股票的价值是由派息的安全系数、公司收益规模和趋势、资产负债状况和经营方式是否稳健以及未来的一般前景等因素决定的。这个问题听起来好像很复杂,但计算起来并不特别难。

例如,1年前,我们几乎每天在说,在过去的1年里,上市公司的收入大幅度增加,但固定支出没有增加;因此,股票的实际价值都增加了,而股票的价格大多有所下跌。显然,这种情况不可能持续很久,不是净收益必然会减少,就是股价肯定会上涨。因此,当时有很多股票相对于它们的收益而言价格偏低,而且这一点很容易证明。

同样地,现在(1902年)可以说,大多数股票相对于它们的收益而言价格偏高。确实,在过去的一年里,上市公司的收益有所增加,但很多股票的价格上涨了50%~100%。

第十三章 交易方法

无论用什么标准来衡量,很多表现活跃的股票价格都已经超过它们的价值。

如果一只股票按只能产生约 3.5% 投资回报的价格出售,那么显然价格已经偏高。当然,这个价格由某些特殊原因造成的情况除外。从长远看,股票的价格自行会根据股票的投资回报率调整。虽然这在任何时候都不是什么可靠的参考指标,但也绝不应该由此被忽略或者被弃之不理。在相当长的一段时间里,股票价格总是趋近于其价值。因此,非职业投机者通过研究上市公司的收益状况能够相当准确地估算股票的价值,并且可把这作为自己的一个投资参考指标。总的来说,这个参考指标还是比较可靠的。

然而,很多人在谈论炒股赚钱的问题时并不会想到投资这种赚钱太慢的方式,而总是先想到投机这条捷径。我们在这里重申:在这个问题上,有一条规则比其他任何规则更值得关注。大多数成功的股票交易者就是或多或少地遵守了这条规则才取得了成功。这条规则得到了投机大师们的认可,也备受每个实际经验丰富、完全自由交易股票的股民的推崇。

这条规则就是"跌则止损,涨则趋利"。这条规则看起来很容易执行,但实际很难做到。难就难在:尽管经验告诉我们在很多情况下不要在乎小笔损失,但是,投机者往往遭遇了小额损失就是不愿认输。而且,这条规则的执行实践也表明,假如刚买进一只股票就出现了亏损,那么就应该再次买进或者进行回补,而且在这只股票最终上涨之前有可能要回调 3~4 次。这 3 笔或者 4 笔损失令人难以忍受,常常会导致交易者决定不采取措施制止损失。一般来说,都要等到出现了很大的损失时,交易者才会想到止损。

于是,一定有人会问,到底应该一成不变地实施止损策略,还是应该根据不同的情况来确定策略。经验表明,在买入价以下 2 个百分点的价位上设置止损点是一种最明智的止损策略。如果一只股票违背买家的意愿下跌了 2 个百分点,那么很可能还会进一步下跌,并且说明买家预期的上涨不是延迟就是根本不会出现。

譬如说,假设一个投机者根据消息、价值研究、市场经验和当时的市场趋势认为,应该在 107 美元的价格上买进"联合太平洋铁路"。如果他在这个价格上买进,而且买进后股价跌到了 105 美元,那么从理论上讲,他应该割肉止损,等到再度出现有利迹象时重新买进。

长期的交易记录显示,即使盲目奉行"跌则止损"和"涨则趋利"的策略,结果也好于大多数股民根据个人判断交易所能取得的结果。其实,个人判断有时也可以被巧妙地应用于止损。

实际上，并不是只要股价下跌 2 个百分点就必须平仓止损。举例来说，如果市场显示出反弹趋势，那么就应该稍作观望；如果买进的股票因其他股票暴跌而下跌，而且其他股票的暴跌势头已经明显减弱，那么就没有必要平仓止损。只有在股价出现较大幅度的下跌并且到非止损不可的程度时才应该考虑止损。

至于何时结束"趋利"，有两种方法可用来解决这个问题。一种方法就是持仓观望，一直等到大盘显示明显的趋势变化才出货离场；另一种方法是，把止损点设在低于价格上涨高点 3 个百分点的价位上，并且在这个止损点上结束"趋利"。这里还是经验表明，当一只股票因受操纵而开始上涨时，在上涨行情完全结束前会出现回调，但幅度很少会超过 3 个百分点。如果这只股票回调了 3 个百分点，那么可能就意味着这笔交易会遇到麻烦。不过，这样的回调有时是操纵者为了甩掉跟进者而故意制造的。这里再说一遍，有些事情仍需要判断分辨。

比较理想的情况是：刚买进一只股票，股价就大幅上涨，而且高出买入价一大截。遇到这种情况时，只要大盘仍在牛市中就不必着急出货套现。在熊市中，整个操作过程应该正好颠倒过来——投机者应该做空，而不是做多，但其他方面应该遵循相同的规则。

我们并不奢望，通过对本章的阅读和理解，读者就会认为有可靠的炒股赚钱方法。但是，本章讲述的在股价经历了一个稳定期后遵循买进股票、跌则止损和涨则趋利的操作原则，从现有的统计数据看，会让大多数股民去揣摩将来应该怎么做。

第十四章

外地交易者[1]

---

[1] 道氏理论。

第十四章　外地交易者

有读者来信问："内地城市的居民每天只有一两次机会了解股市行情,他们能不能通过股票交易来赚钱?"

其实,这个问题涉及一个似乎已经得到广泛认同的观点,那就是在华尔街附近做股票交易是一个得天独厚的优势。不可否认,对于某些种类的交易来说确实如此。如果能在纽约证券交易所谋得一个席位,就不用支付任何佣金,虽然不一定每个人都能赚钱,但起码可以在场内尽可能为自己做好交易。

事实上,我们也许可以这么说,大多数股票交易者,无论是否身处华尔街,都因为买卖100股股票要支付25美元的佣金而处于不利位置。虽然肯定有人逃避支付佣金,但对于个人交易者来说,没有几个人能够规避佣金规则。

如果股票买入价和卖出价之间有5个百分点甚至10个百分点的价差,那么买进和卖出100股股票各付12.5美元的佣金倒也算不了什么。但是,如果买入价和卖出价只有1个百分点的差价,那么,支付这两笔佣金还真的算一回事。如果一个刚开始做股票交易的新手就为1个百分点的收益进行股票交易,但要支付12.5%的佣金,那么肯定早晚会把自己的本钱全部交给经纪人。

普通交易者必须始终努力赚取较多的利润,如果不能确定自己选中的股票会上涨四五个百分点,那么就不应该买进这只股票。如果已经买进了股票并且又出现了亏损,那么就等于要蒙受双倍损失。在做5~10个百分点的倒手交易时,内地交易者自有他们的优势,那就是他们听不到传闻,也看不到股价的突然波动。要知道,这可都是场内交易者遭难的根源。

现在,华尔街经常有很多已经持续做多1个月的投机者,但他们几乎没赚到什么钱或者说根本就没有赚到钱,因为他们受传闻和小幅回跌惊吓的影响纷纷抛掉了手中的股票。然而,那些看不到市场的人可以免去这些烦恼。外地交易者的最大劣势在于:有时,市场急转直下,在他们明白怎么回事前盈利就已经变成了亏损,或者迅速导致他们的亏损大到他们不能接受的程度。不过,这种情况没有大多数人想象的那样经常发生。

股市有时会出现非常特别的现象:在朝着一个方向运行几个百分点后突然调头逆转,而且在转折点附近没有出现大幅波动。这种情况虽然会出现,但并不经常发生。一只股票在上涨了 5 个百分点后通常会经历一个窄幅盘整期。这种窄幅盘整会持续相当长的时间，因此，外地交易者如果不看好这只股票的表现，那么有充分的时间出货离场。止损单是外地交易者可用来保护自己的专门工具。如果他们想持有那些表现稳定的股票，那么几乎总能在他们认为适当的时候止住损失或者套现获利。

外地交易者在开始股票交易时，必须确信自己买入的股票价格低于其价值。仅自己相信还不行，而且还必须加以证实。只有这样，刚买进的股票即使没有上涨而是下跌，也不会导致他们丧失信心。在从价值的角度确定要买的股票后，可能的话就应该等到大盘从某个高点正常回调后再买进。

如果有 20 只表现活跃的股票上涨了 10 个百分点，正常的回调应该是在 4 个百分点左右。回调后往往会出现一个持续较长时间的价格上涨期，因此，回调是买股建仓的最佳时机。建仓后，交易者应该耐心持有。他们可能会看到其他股票价格上涨，而自己手中的股票就是不动。他们每天看到和听到别人因炒其他股票发了财。即使这些都是真的，也必须看过和听过算数，不要太当回事。必须坚决持有手中价格确实低于价值的股票，直到别人发现这只股票价格大大低于价值并开始买进或者操纵时再伺机行动。

大多数股民倘若手中持有一只价格有一段时间没动的股票，往往会在股价刚开始松动时就把它抛掉，原因就是他们担心这只股票会重新陷入低迷。这个时候，绝不应该卖掉手中的股票。恰恰相反，鉴于别人已经发现这只股票的价格低于价值，因此应该更多地买进。等到这只股票的价格上涨两三个百分点后，最好在这个高点以下 2 个百分点的价位上设置止损点，然后不要理睬新发布的报告，任凭这只设置了止损点的股票上涨，一直等到价格涨到了价值水平或者市况表明套现获利为好后再平仓离场。当然，前提总是股价没有发生突然下挫并触到了止损点。

与场内交易员一样，外地交易者也能做到以上这一切，而且在某些方面还能做得更好。有些大操盘手喜欢远离市场，到纽波特（Newport）、萨拉托加（Saratoga）或者其他遥远的地方进行交易操作，就是希望毫无偏见地观察市场，并且不受市场出现任何动静时总会流传的传闻的干扰。外地交易者只要认真研究股票价值和大盘走势并且有足够的耐心，也完全可以炒股赚钱。

第十五章

空头交易

第十五章 空头交易

有读者来信问:"您已经证明,几乎在 10 年的一半时间里,股市交易者应该做空。我本人在卖空自己手中并没有的资产时总觉得有点底气不足。您能否告诉我,空头交易也算是正常的交易吗?"

在过去 40 年里,明智的做法确实是,至少在每个 10 年的一半时间里进行空头交易。就整体而言,广大股民确实不喜欢做卖空交易。的确,逼空战要间隔很长时间才会发生一次,但每场逼空战都会给参与其中的斗士造成毁灭性的后果。还好,逼空战很少发生,大概每 10 年发生一次,因此是一种距离我们非常遥远的危险。

我们已经多次解释过卖空交易原理,但还是准备举例加以说明。某客户 X 下单委托经纪人甲卖空 100 股联合太平洋铁路公司的股票,经纪人乙买进了经纪人甲卖出的股票。经纪人甲手中并没有这只股票,于是去找经纪人丙并从他那里借入或融入 100 股联合太平洋铁路公司的股票,并且付给丙 10 000 美元现金作为抵押。现在,100 股联合太平洋铁路公司的股票由经纪人甲交付给经纪人乙,而经纪人乙则向经纪人甲支付 10 000 美元购股款。随后的问题是,联合太平洋铁路公司的股票是上涨还是下跌?上涨或者下跌的幅度是否足以让客户 X 如愿了结交易?然后,客户 X 下单委托经纪人甲(譬如说按 95 美元的价格)买进 100 股联合太平洋铁路公司的股票,经纪人甲从经纪人丁那里以 95 美元的价格买进 100 股联合太平洋铁路公司股票,然后又把这些股票交付给经纪人丙。经纪人丙就退还他之前收进的 10 000 美元,而其中的 9 500 美元就付给经纪人丁,剩下的 500 美元扣去各项费用后就是客户 X 做卖空交易的盈利。

在客户 X 观望市场走势的时候,经纪人丙可动用从经纪人甲那里获得的 10 000 美元抵押金,并且在通常情况下要支付利息。这种利息叫作融券利息,常常略低于市场抵押贷款的利息。

融券利率相对于市场贷款利率越低,那么融入股票的需求就会越大。准备做空的交易者应该关注融券利率,以便了解做空的利息成本。

在某只股票的融入需求很大的情况下,融券利率就会下跌甚至跌破零,这就意味着在以上所举的例子中,经纪人丙动用经纪人甲 10 000 美元的抵押金,就无须支付利息。如果对联合太平洋铁路公司股票的融入需求继续增大,经纪人甲有可能不但要向经纪人丙无息支付10 000美元的抵押金，而且还要另外支付一小笔费用。如果一只股票的融券利率是1/32，那么就意味着经纪人丙无须支付利息就能从经纪人甲那里获得10 000美元的抵押金，每拆借100股股票，另外还能每天收取3.12美元的额外收益(利息溢价)。这笔利息溢价由客户X支付。此外，客户X还要支付融入股票可能已公告要派发的股息。

对于交投清淡的股票来说，融券交付的卖空交易不可行。在证券市场上，也不可能卖空已发售债券或者已投资股票，因为这些证券已经被投资者持有，而不是大量掌握在经纪人手中，所以，融券并不容易。但是，拆借表现活跃的股票毫无困难。

原因在于，每个手中掌握很多股票的经纪人，需要动用的资金大幅高于其自有资金。从理论上讲，经纪人在为客户按面值买进100股联合太平洋铁路公司股票所动用的资金，其中1 000美元是客户的，另1 000美元是经纪公司的，其余8 000美元是用买进的100股股票作抵押向某家银行借的。

因此，交易活跃的经纪人总是借款大户，在向银行借款时会被要求缴纳20%的贷款抵押金。但是，如果经纪人能拆解到股票，那么就能获得所借股票的全部价值，于是就不用拿自己的资金或者客户的资金缴纳贷款抵押金。所以，每个经纪人都愿意拆借股票，尤其是在股票融入需求多到融券利率低于市场利率的情况下更是如此。在这种情况下，经纪人在零利息融入股票、无成本筹措资金的同时，还能通过向其做多的客户收取5%或6%的利息来赚取利润。

从卖空者的角度看，这样的安排能使他们的交易非常安全。一般来说，融入表现活跃的股票就如同拆借资金那样容易。事实上，如果说经纪人借不到资金而发生"逼仓"的频率还比较高的话，那么因融券不能而发生逼空的频率要低得多。

逼空有时是自身发展形成的，有时则是人为操纵造成的。当某只股票的心仪者看到很大的空头净额时，有时会试图说服这只股票的持有者答应在一两天内不要把股票借给别人，从而通过加大融券难度来吓唬空方补仓。如果此招奏效，那么空方经纪人就会接到归还所借股票的通知，当他们试图到别处融券时会发现很难借到这只股票，而融券利率也可能已经涨到日息0.25%甚至更高。

空方经纪人会把这种情况告诉做空的客户，于是空方就开始补仓，这样就会推高股价并且能使这只股票的持有人获利。这种逼空战通常只持续两三天，因为股价上涨会导致股票持有人卖掉或者出借股票,随后股价通常会下跌到比以前还低。有时,空方势力强大,而且经久不衰,导致在一段时间里股票溢价融出。这通常几乎就是股价即将下跌的确凿证据,而利息和利息溢价支出会使空头的盈利化为乌有。因此,即使股价大幅下跌,空头盈利也仍少得可怜。据说,古尔德(Gould)先生曾经坚持做空纽约中央铁路公司的股票4年,并且从买卖价差中实现了很多利润,但大部分利润却被派发股息所吞噬。

在选择某只股票做空时,第一个需要考虑的因素应该是股票的价格高于价值,而且未来股票价值看似还会下跌。相关股票还应该表现活跃,可能的话最好是大盘股。而且首先应该选择一只老股票,因为老股票意味着筹码比较分散。另外,最好选择高价股,因为高价股派息概率较小或者派息较少。

只要大盘表现相当稳定,那么根据以上条件选择的股票应该在价格上涨时卖出,而在价格温和下跌(比如4～5个百分点)后买进。但是,如果大盘明显走软,那么就应该少量买进卖空的股票,以便在股价涨破短期行情高点时再建立空头净仓。能在股市赚取最大利润的,就是那些在顶部做空或者在底部做多并且坚决持仓数月甚至数年才出货套现的人。

第十六章

跌市投机[1]

---
[1] 道氏理论。

第十六章 跌市投机

经常有人问起这样一个问题:在市场普遍看跌时是否所有的股票都会一起下跌?还是有些股票下跌,而另一些股票则不会?

这个问题应该从两方面来回答:一是投机活动,二是价值效应。当市场下跌时,尤其是在跌势猛烈或持续的情况下,所有的股票全部下跌。各个股虽然跌幅彼此不同,但足以被视为对大盘下跌都做出了各自的贡献。在恐慌时期,被认为高价值的股票通常比低价值的股票跌得更厉害。

原因就在于,股民往往同时持有多只股票,而且有好有次、参差不一。有一天,他们突然被要求追加保证金或者不得不减仓,于是就尽量卖掉那些他们认为市场前景最好的股票,也就是卖掉他们手中最好的股票。但是,这种股票本身的优点决定了它们没有空头净仓存在,所以发生恐慌后,由于供给量大,因此没有补仓需求。确切地说,市场对这种股票没有任何需求,当然那些也许不了解这波下跌行情的投资者或者在那种特殊时期没钱投资的投资者除外。因此,好股票会一路下跌,直到在某个点位上遇到投资需求。这种情况可用德拉瓦—哈德逊公司(Delaware & Hudson)的股票在1901年5月9日恐慌期间的表现来说明。当时,这只股票在短短半个小时里就从160美元猛跌到了105美元,虽然不是全部,但至少也是几乎全部上市股票中跌幅最大的,主要是因为股民们都不知道这只股票当时的卖出价。

因此,可以这么说:在大盘下跌时,股票本身的特点并起不了什么作用,无论好坏都一样会下跌。当然,绩优股和表现平庸的股票还是有一个明显的区别:1天或1周以后,在市场止跌回升时,与表现平庸的股票相比,绩优股反弹幅度更大,持续时间也更长。在这一点上,德拉瓦—哈德逊公司的股票仍然是一个很好的例子。5月9日股价跌到105美元以后,这只股票的买单纷至沓来。1小时以后,股价一下子就飙升到了150美元附近。

随着时间的推移,股票的价值逐渐显现出来。在某段时间里,内在价值低的股票与内在价值高的股票有可能价格相同。经过半年的交易,这两种股票可能呈现出与大盘起伏一样的盘整表现。但这个时期过后,绩优股的价格可能要比平庸股高出10个点,两者之间的这个价差是五六波震荡——每一波幅度较前略有缩小的回落和幅度较前略有放大的反弹——积聚而成的。

下面如实描述接下来的熊市——无论什么时候到来——期间大盘会出现的状况。在接下来的熊市到来时，大盘会由好转坏，隔一段时间就会变得非常明显，但在这个过程的任何一个特定阶段并非显而易见。

在股票的价值发生很大变化并且发展到一定程度以后，即使在熊市，股价也会上涨。纽约股市大盘从1881～1885年一路下行，但就在这个时期，曼哈顿公司(Manhattan)的股票虽然在很多时候也随大盘震荡下行，但还是从30美元附近上涨到了接近其面值的水平。原因就在于，在这个时期，该公司收益的增加导致股票价值稳步、大幅地提升。

从这个例子可获得的有益启示是：首先，股票投机者如果不了解股票的价值，就不应该进行股票交易；同样，如果不能观察大盘走势发现股票价值的变化，那么也不应该进行股票交易。其次，他们至少应该能够确定在某个给定时点上哪些股票价格高于其价值、哪些股票价格又低于其价值。如果大盘处在下降趋势中，那么他们就应该在自己认为价格高于价值的股票表现非常坚挺时把它们卖掉，并且在下一波下降趋势中再买进。在预期反弹而买进股票时，始终应该选择价格低于其价值的股票，并且在它们出现适当盈利时就把它们卖掉。

在市况不明朗的情况下，有时明智的操作是卖空价格明显高于价值的股票，并且买进价格明显低于价值的股票，相信它们能够互相保护，直到大盘趋势变得明朗为止。

以前，在交易者中间有一种非常流行的做法，那就是做多西北铁路(Northwest)，而做空圣保罗(St. Paul)，结果通常都挺好的。

在过去的一年(1901～1902年)里，有一些操盘手致力于做多曼哈顿公司的股票，同时又做空城市轨道交通公司(Metropolitan)或者布鲁克林公司(Brooklyn)的股票。这种交易的一般操作方法就是价差交易。举例来说，假设交易开始时两只股票的价格有10个百分点的价差——当它们的价差譬如说扩大到15个百分点，也即出现5个百分点的净收益时就结束交易。然而，以上操作方法也只是同一普遍规律的组成部分：从长期看，股票走势趋同，股价受价值支配。

第十七章

全权代客买卖账户[1]

---
[1] 道氏理论。

第十七章　全权代客买卖账户

有读者来信说:"随信附上一张小广告,给我这张广告的人要我在他那里开设一个据说有望带来高额回报的全权代客交易账户,并且声称这种账户在过去的交易中取得了很大的成功。市场人士应该能比我本人远距离操作做得更好。这种人可以信赖吗?您觉得他们的计划可靠吗?"

我们经常收到类似内容的信,也已经回复过很多次,但就是难以让大家明白真相。非职业交易者希望赚钱,并且相信华尔街的专业人士了解市场趋势,因此涉及全权代客交易账户的唯一一个问题就是,运作这些账户的人是否可靠?

事实上,华尔街的专业人士,就连非常接近大额交易核心业务的人士,也不能有把握地确定市场趋势。实际上,他们了解的真相越多,就会变得越缺乏信心。在大多数情况下,那些试图造市的大操盘手比任何人都缺乏自信,因为他们非常清楚有可能遇到各种各样的困难。

做股票交易的人可以把以下事实作为基本建议记录下来:任何自称能够预测市场趋势的经纪人,并不比那些自以为由于某些特定条件而会出现这种或那种情况的经纪人值得信赖。任何自称采用全权代客交易账户能为客户赚钱的人都是骗子,原因就是:首先,他们明白自己在说自己肯定做不到的事;其次,如果他们能够做到的话,那么在稳赚不赔的情况下肯定就为自己做,而不屑为赚取区区1.25%的佣金去替别人费心受累。

证券交易所的理事们绝不会允许任何一个会员开展全权代客交易业务,而证券交易所的任何一个会员如果表示自己将努力通过开展全权代客交易来发展业务,那么一定会丢掉会员资格。这样的会员也会被认为缺少诚信或者判断能力。

我们并不是要说,证券交易所的会员经纪行从不开展全权代客交易业务。它们有时也做这种业务,但并不主动去做,金额也非常有限,而且它们只接受那些与经纪行保持良好的信任关系并且明白投机亏损或者失败与盈利的概率非常接近的客户的委托。我们可以有把握地说,证券交易所的会员经纪行把接受全权代客交易委托视为一种涉及个人友谊的相当严肃的要求,而且不是因为他们不愿看到自己的朋友赚钱,而是因为他们太清楚接受全权代客交易委托常常就是意味着赔钱和失去朋友。

因此,正当一些只有很少资本或声誉或者根本就没有资本或声誉的人忙着在星期天的报纸上刊登广告大胆声称，他们愿意接受不谙股票交易的人的全权代客交易委托，并且只收取1.25%的佣金，却能保证25%～250%的年收益时，正规的证券经纪行只满足于简单介绍全权代客交易。令有华尔街经历的人感到惊讶的是，那些把自己的钱汇入这种账户的人怎么就那么容易上当受骗。这些人在发现自己上当受骗后就去找骗子公司，可这些公司已经大门紧闭，门外已经集聚了一大堆人。先来和后到的受骗者汇合在一起，痛诉欺骗他们辛苦挣来的血汗钱的恶劣行径。

一家一两年前非常有名的全权代客交易公司的老板常说，如果美国政府不干涉他发邮件，也不阻止被骗的人把钱寄给他，那么他就不会去找比这更好的职业和更加快捷的致富途径。提交法院的证据一再表明，那些做广告代客投机赚钱的骗子收到了很多夹着钱的回信；这些钱根本就没有投入股市；这些做广告的人没有一个是任何证券交易所的正式会员，而且除了收钱吞钱外不做其他任何事情。他们常常会把收到的一小部分钱作为所谓的交易收益返还给寄钱的人。

我们认为，他们通常玩弄以下惯常伎俩：如果有人给其中的一家骗子公司寄去100美元，那么过一段时间以后，他就会被告知已经赚到10美元，再过一些时间又被告知他的盈利已经增加到了15美元。这时，通常就会有人劝他再寄100美元，因为刚刚出现非常好的投资机会。如果被骗者真把钱汇去，那么就会被告知利润又增加了，还需要更多的钱。那些要求收回一点利润的人偶尔确能收到一点钱，那是因为那些骗子公司想让他们诱使其他人加入被骗者的行列。

虽然骗局并非一成不变，但结局几乎总是相同，寄钱的人最终都会收到一纸通知：由于出现了一些并非完全意外的不利的致命因素，交易没有取得成功，投下去的资金已经赔光。在骗子们看来，巧妙的骗术通常就是让受骗者觉得背上了债务，然后以不用他们偿还所谓的债务为幌子，诱骗他们把既赔了本金又损失了所谓利润这个结果作为上帝的安排来接受。

投资做得再好也不是一条平坦的发财致富途径，但是，通过发广告声称能保证盈利并且邀请参加全托集资的投机，肯定是一种就像可能被发现的那样的赔钱方法。因此，有人公开兜售这种全权代客交易账户本身就是最充分、彻底地拒绝开设这种账户的理由。

第十八章

损失责任[1]

---
[1] 道氏理论。

第十八章 损失责任

近来很多读者来信询问,下面这个问题比较有代表性:"1901年5月9日,我买进一些股票,随后就把它们卖了。我的经纪人现在要我赔偿超出保证金部分的损失。请问,我是否应该承担这个责任?"

这是一个法律问题,迄今没有得到明确的解决。已经有很多这类案件的裁决,但总的来说,由于缺乏充分的相似性,这类案子必须个案处理,所以很难形成可作为一般依据的法律准则。在审理这类案件时,法院倾向于援引交易惯例。而且,这类交易惯例虽然不是法律,但会影响法律的适用。

这类案子通常可分为两大类:一是经纪人事前已经告知客户保证金快要用完;二是没有尽到告知义务。假定经纪人应客户要求采用保证金交易方式买进一只股票;然后股价下跌,经纪人通知客户追加保证金,但在合理的时间内没有得到回复。经纪人在没有接到客户肯定委托的情况下有正当理由卖掉这只股票。在审理这类案子时,法院会裁定经纪人已经充分履行告知义务,客户应该及时回复以保护自己的利益,而不应要求经纪人等待超过合理限度的时间。

在这类案子中,有时会出现这样的情况:客户会认为追加保证金和预先委托卖出股票并非明智之举。在股价快速下跌时,卖出股票有可能蒙受损失。在以上例子中,就是该客户应该承担损失责任,这一点好像没有疑问。原因在于,经纪人是为了那个客户的利益并且以他的名义在执行卖出指令。不过,这里可能牵涉另一些特殊问题,如经纪人在通知客户追加保证金、接到卖出指令后执行或者其他方面存在疏忽,从而导致客户利益受损。

另一大类案子是客户账户中的保证金由于股价暴跌而耗用殆尽,而经纪人则面临一个问题:在没有接到客户指令的情况下,是应该卖掉他们的股票,还是努力帮助他们渡过这波下跌行情(因为以为这样做即使发生亏损,客户也会给予补偿)?

这类案子的裁决往往认定,经纪人要为他自己的行为承担相当大的责任,原因就是,在这个案子中,经纪人有两方面的行为能力:一是作为经纪人执行客户的委托,并且收取佣金;二是作为银行贷款给客户,并且通过用客户存在他那里的资金作为贷款担保,保管客户买进的股票来保护自己的权益。在这个案子中,作为经纪人要承担的责任截然不同于作为银行要承担的责任。

一般来说，银行在不通知借款人的情况下无权擅自变卖借款人的贷款抵押物，除非之前双方有相关约定。正是由于这个原因，在几乎所有的案子中，银行和贷款机构在发放贷款时都会与借款人签订正式协议，以便在借款人停止还贷的情况下能够单方面决定变卖贷款抵押物。实际上，在资产价格下跌时，银行会要求借款人提供更多的抵押物。但是，在发生恐慌或者经纪人无力提供更多的抵押物时，银行通常是根据专门为此签订的特别协议变卖贷款抵押物。

有些证券经纪公司会通过与客户签订类似于银行协议的正式协议来保护自己。客户在经纪公司开设账户时就得表示同意授权经纪公司在保证金减少到危险额度以下时有权自行决定卖掉客户委托买进的股票。

这无疑是一种明智的做法，因为它消除了协议中关于双方权利义务方面的疑问。由于业内竞争激烈，经纪人并不总与客户签订此类协议，因为他们不想强制推行这些并不通行但有可能赶走客户的限制性条款。但像1901年5月9日这样的经历导致一种趋向于明确经纪人与客户之间关系的趋势。

1901年5月9日，市场变化是那样迅速，以致经纪人来不及通知客户追加保证金和及时获得有任何实际意义的回复。在股价5分钟内暴跌10个百分点的情况下，10%的保证金根本起不了任何作用。那天从11:00～11:30，很多实力雄厚的经纪公司眼睁睁地看着他们客户的账户中很大一部分资金就这样蒸发了。大盘反弹也非常迅速，从而拯救了大量的客户和很多经纪公司。当时，无论贷款大小、安全与否，贷款人即使有意出售其债权也没有时间。

不管怎样，那天还发生了很多抛售股票导致重大损失的案子，而且很多案子中的损失应该由谁来承担仍然存在法律争议，法院仍可能多少要根据不同案子的具体情况做出不同的裁决。1901年5月9日的情况非常特殊，因此，在裁决这些案子时应该考虑这一天的特殊性。纽约证券交易所根据那天的特殊情况制定的规则会阻碍在正常情况下开展业务，但是，这样的特殊情况还会发生。就因为这个原因，经纪人与客户应该通过就紧急情况下应该采取的应急措施达成明确的谅解来为意外事件预做安排。

很难说，在非正常或者需要采取相机抉择措施的情况下，一旦出现亏损就应该采取什么措施。具体到5月发生的那场恐慌，很多涉案经纪人和他们的客户由此采取了一种根据个案情况合理分担损失的策略，而那些熟悉证券交易所业务的陪审团成员也很可能会根据多少有点相似的思路来做出自己的判断。

第十九章

危机的反复性[1]

---
[1] 道氏理论。

第十九章 危机的反复性

有一名读者来信问:"商品或证券交易所真会发生周期性恐慌吗?"

事实表明,恐慌的发生具有明显的周期性趋势,而且这其中有它的原因。即商业具有从一个极端发展到另一个极端的倾向。就整体而言,商业不是在人们认为价格趋于下跌的预期下收缩,就是在人们认为价格趋于上涨的预期下扩张。公众的信心从谷底攀升到峰值的变化通常好像需要5~6年,然后又要花5~6年再从峰值下跌到谷底。

杰文斯(Jevons)教授为了证明太阳黑子会对人类商业活动产生一定的影响而提出了英格兰商业每10年循环一次的周期理论。我们暂且不论太阳黑子及其对农作物、商业或者人类情绪的影响这个问题,而是假定杰文斯教授对过去2个世纪英格兰经济萧条周期的阐述是正确的。

杰文斯教授认为英格兰在以下年份发生了商业危机:1701年、1711年、1712年、1731~1732年、1742年、1752年、1763年、1772~1773年、1783年、1793年、1804~1805年、1815年、1825年、1836年、1847年、1857年、1866年和1878年。

这些年份是对十年周期论的很好证明,美国在过去1个世纪里发生的经济危机也在很大程度上证明了这个理论。

美国在19世纪遭遇的第一次危机发生在1814年,这场危机是由英国军队在这一年8月24日攻克华盛顿这一事件促发的。费城和纽约的银行纷纷中止付款,一度危机发展到很严重的程度。这个时期遇到的困难主要是:《1808年禁运与不通商法案》(Embargo and Nonintercourse Act of 1808)导致美国对外贸易大幅度下降;美国的公共支出超出公共收入;州立银行大量问世并且取代了原先的全国性银行,这些州立银行没有足够的资本金,而且还发行了没有充分担保的流通货币。

1819年,银行发行的流通货币大幅度收缩,因此几乎是同样的原因导致了一场危机。之前,银行增发货币促进了投机,而之后的货币发行量收缩又导致大宗商品和不动产价格严重下跌。就导致这次危机的原因而言,这是一场纯粹的货币危机。

1825年欧洲发生的危机在1826年导致对美国产品的需求减少、价格下跌以及一定程度的银根紧缩。不过,形势并没有变得非常严重,就其性质而言,应该算发展的中断,而不是基本趋势的逆转。

1873年发生了一次商业大恐慌,原因有很多。恐慌发生之前,随着大量企业的创立,工商业快速增长;农业歉收,做面包的原料需要进口;政府拒绝延长全国性银行的特许经营权导致全美银行业格局发生了巨大变化。公众从全国性银行提走存款转存州立银行,结果为不正常的投机创造了条件。

1847年欧洲发生的恐慌只对美国经济产生了很小的影响,但导致美国铸币严重流失,墨西哥战争也对美国企业产生了一定的抑制效应。不过,这些效应或多或少先被面包原料大量出口,后又被1848～1849年的黄金开采所抵消。

1857年,在俄亥俄人寿保险和信托公司(Ohio Life Insurance & Trust Company)8月宣布破产后,美国发生了一次有史以来最严重的恐慌。虽然价格持续下跌多月,但这次恐慌的发生还是出乎意料。当时,铁路建设已经规模很大,银行持有的铸币相对于它们的贷款和存款而言为数甚少。这个时期的一个特点就是企业大量倒闭,到了10月银行纷纷停止付款。

在1866年英国欧沃伦—格尼公司(Overend, Guerney & Co.)倒闭导致伦敦发生恐慌之后,纽约证券交易所股价大跌,4月发生密歇根南方(Michigan Southern)股票逼空战,投机普遍蔓延开来,从而导致了一波超出正常水平的回调行情。

1873年9月发生的恐慌既是商业恐慌又是证券交易所恐慌,是大量流动资本转换为固定资本的结果。当时,商业大规模扩张,货币供给相对于货币需求严重不足。信用崩溃以后,发生了极其严重的经济萧条。

1884年发生了一次股市崩盘,但不是商业危机。5月,海运银行(Marine Bank)、都市银行(Metropolitan Bank)和格兰特—沃德公司(Grant & Ward)相继倒闭,同时伴随着物价大幅下跌以及全年都能感觉到的全面停滞。已经持续多年的铁路"干线"战(Trunk Line War)是这个时期引发股市崩盘的因素之一。

1893年的恐慌是很多原因——货币形势不明朗、外国人撤资、担心出台激进的关税法——合并作用的结果。对金本位制能否维持的焦虑不安,无疑是影响远远超过其他很多因素的最重要因素。

根据对历史和最近6年发展情况的判断,我们可以不无理由地认为,未来几年里,我们的股市至少要经历一次波动。未来10年有可能会发生一次小危机,而不是大危机——一次类似于1884年,而不是类似于1837年、1873年或者1893年那样的危机。

第二十章

财经评论

第二十章　财经评论

股票市场及其与报纸的关系是一个被严重误解的问题。随着投机的迅猛发展以及公众兴趣的快速提升，各种报纸对相关信息的需求做出了回应。总的来说，这方面的需求得到了很好的满足。就在几年前，知道开盘价、最高价和最低价就足以满足那些对股市感兴趣的人的需要，而且这种情况已经持续40年没变。这种原始的方法已经被用心制作的包括股价自动收报器记录的每笔卖盘交易的日交易表这种方式所取代，这种日交易表每天由一家晚报刊载。在纽约证券交易所收盘20分钟后，花1美分就能在街头买到这份报纸。《太阳报》(The Sun)和《纽约夕阳报》(Ten Evening Sun of New York)现在的老板为报纸能在这方面获得不寻常的发展发挥了重要的作用。他很快就明白了这项只需花美国最小的分币这么一个低得令人惊讶的成本就能享受到的服务对于美国公众的意义。这项服务提供的信息是那么准确，以至于法院都把它作为取代纽约证券交易所提供的任何更好或一样好的信息的官方信息。

现在，每家报纸都派记者驻守华尔街，而华尔街也有两家声誉良好的通讯社、多份财经日报和几份周刊代表华尔街自身。

股市评论在很大程度上受到作者个人观点和报纸办报宗旨的影响。譬如说，一家晚报刊登的市场评论可能是一篇关于货币市场的学术研究文章，只是附带谈到了股市前景，或者可能是对导致股市波动的重大消息的简单评论和常识性解释。或者，这家报纸可能奉行中间路线策略，对股票投机比较宽容，同时又能注意读者关心的个股价格上涨或下跌原因。大多数撰稿人有预测的癖好，而且还比较乐观，但也有个别撰稿人与众不同，显得极其保守、悲观。还有就是，有些撰稿人为人正直、值得信赖，而另一些撰稿人则品行不端，他们的道德素养取决于他们的个人修养和环境条件。

值得信赖的股评撰稿人通常会努力避免预测，但经常也会出现这样的情况：在评论影响大盘走势的因素时，有些股评撰稿人总是努力做出有利的推论。也就是说，他们不无偏颇地倾向于推高股票价格，以便股票持有者取得更好的业绩。这么做也合乎情理，因为既能获得读者的赞同，又能履行发挥建设性作用的应尽义务。

但有时候，有些撰稿人判断准确，能够发现即将来临的金融风暴并且发出预警；另一些撰稿人在几乎每天都有的股市投机行为和人类过激倾向中看到了那么多危险，以至于不能对某个阶段的股市做出合理的评论；还有一些撰稿人由于自己也做投机交易或者被股市操纵者收买，因此为了获取不当得利而基本上是满嘴胡言乱语，甚至不惜发表欺骗性文章。

股评文章只有在判断准确、推论合理的情况下才会受到重视。如果一篇股评文章既判断不准确又推论不合理，而且用陈规旧律来衡量甚至还有点偏激，那么理所当然会受到冷遇；相反，如果文章判断准确、推论合理，而且又不偏激，那么当然值得受到关注。

有人出钱收买或者授意写下的股评文章很容易被发现。如果文章列举的所谓事实得不到证实，如果所谓的先知被证明是假的，如果文章暴露出明显的媒体经纪人插手的痕迹，那么就说明这是一篇不值得信赖的骗人文章。

股市操盘手收买财经评论撰稿人的常用手段，就是许给传播消息、观点和秘诀的撰稿人一定数量的股票"认购权"。如果某个集合基金就推高某只股票的价格达成了协议，那么就会设法获得报纸撰稿人的支持，而那些报纸撰稿人正好愿意利用自己的栏目和报纸从事合法或者不法活动，在这里就是借此机会分点收益。

这种集合基金的代表会采用以下两种方式来收买报纸撰稿人：(1)派人去找撰稿人并且许以后者在某个价格"认购"被操纵股票的权利。这个价格通常低于市价。作为回报，撰稿人答应按要求采用"吹嘘"或者"说大话"的手法，或者更加简单地做一些误导性陈述，以便向读者兜售被炒作的股票。在这样的陈述中使用"认购"，可能就意味着撰稿人获得了以某个价格向股票操纵者索要认购一定数量股份的特别权利。如果被操纵股票价格下跌，那么撰稿人的"认购权"就没有什么经济价值；如果价格上涨，那么撰稿人就行使认股权买进股票，然后再把股票卖掉赚取差价，或者以行贿者最能接受的方式结束这笔交易。(2)操纵者派人找某个报纸撰稿人作为一伙报纸撰稿人的代表，委托这个撰稿人负责完成他们之间的交易，并且授权他根据他认为能获得最佳收益的判断分配股票"认购权"。其中的某些认股权可能获利颇丰，而有些认股权则完全没有价值。它们随时有可能被废除，而它们的持有人则无权要求赔偿或者索赔。即便他们因被骗而牢骚满腹也无济于事，因为这种秘密交易一旦泄露，那就意味着曝光。对于股评撰稿人来说，曝光就意味着毁灭。

但必须承认，这种形式的腐败很容易被发现；总的来说，报纸对公众的保护要超过公众愿意承认的程度。华尔街的财经报刊撰稿人大多是诚实可信的，并且会为了阐明事实而自愿牺牲"获利机会"。

股评撰稿人都会努力寻找或者解释当天股市波动的原因。大盘、个股的价格走势可能是统一上涨或者下跌；也可能表现不一，有一只或者一个板块的股票上涨，另一些股票下跌，还有一些股票不涨不跌，处于盘整之中。股评撰稿人必须找出其中的主要原因。究其原因，有时候人人知道；有时候圈外人并不知道；还有一些时候，评论撰稿人给出了一些表面因素，但隐瞒了真相。股票投机者可以通过研究股市评论文章来了解每一个股评撰稿人，并最终形成自己对他们的看法。

投机者们常会批评报纸十有八九看多大盘，情况确实如此。下面这个故事能在一定程度上说明其中的原因：一家金融日报的主编看空股市，认为大盘将下行，并且信誓旦旦地保证短期大盘趋于收缩。他日复一日地向读者灌输自己的理念，而且非常真诚、热情。结果，大盘真的下跌。这样，久而久之，这家报纸会失去订户。最终，订户流失太多，报纸不能再无动于衷。除了其他证券经纪公司外，有一家重要的证券经纪公司告知这家报纸的主编他们停订3份报纸。这位主编先派他的营业部经理去这家证券公司了解情况。这家证券公司相关成员告诉他："你们报纸看空市场，而我们的客户都看好市场。我们的营业部都有你们的报纸，我们的客户认为你们的报纸有很多失误，因此感到气愤。"

"难道我们对大盘看走眼了？"

"我也无能为力。我们不能再对客户这么多的抱怨置之不理。"

"如果你们继续发表看空股市的评论，早晚会把自己给毁了。"这家报纸的营业部经理向主编转达那家经纪公司接待人员的话说。

结论很清楚，公众愿意买看好股市、哪怕判断错误的报纸，但会远离看空股市但判断正确的报纸。

报纸撰稿人对股市看法的价值在一定程度上可能取决于投机者或者读者。报纸的股评撰稿人大多自己也做股票投机，但也有一小部分不做股票投机。毫无疑问，自己不做股票投机的撰稿人发表的股市评论要比那些带有偏袒自己投机生意倾向的撰稿人发表的评论更加客观，就如同自己不做股票投机的经纪人提出的建议要比自己也做股票投机的经纪人提出的建议更加可取。

现在，股市评论员都不同程度地涉足股市预测。一般来说，股评撰稿人经验越丰富，对股市走势的预测就越消极。投机者还会发现，报纸的股市评论员会小心翼翼地从多、空两个方面来讨论某个议题,以便让读者完全、清楚地明白"大盘(或者某只股票)如果不涨,就会下跌"的道理。这可是对付股市复杂盘局最简便的方法,而读者也很难对结论的准确性提出质疑。

华尔街现在有两家充满活力的通讯社提供新闻服务,它们每天印发大量反映事实真相、数据、评论、预测和传闻的新闻稿。有些交易者发现这些材料有时观点模糊甚至矛盾,因此,除了新闻报道以外,他们从不关心其他内容。但是,华尔街觉得离不开这两家通讯社的服务,而事实上,这两家通讯社都想凭借自己的精力和智慧尽可能做到客观、准确。在每天新闻稿的底端,这两家通讯社都发表声明:报道有误,责任由记者承担。

研究通讯社服务的投机新手应该学会区分不同的表述。通讯社就是希望印发它们所能搜集到的全部传闻和小道消息,而这些传闻和小道消息作为市场因素的相对价值相去甚远。例如,一名权威得到公认的银行行长发表的讲话自然应该比对一名"重要银行家"的访谈受到更多的关注。再有,一名铁路官员以他个人名义对铁路营业状况所做的评论要比一个股票投机者对铁路业的预测更加值得信赖。在评判有关铜业、钢铁业或者其他工业形势的讲话时,我们必须了解一些有关讲话人、他们的名声及其同伴等的情况。农业报告与意见出了名地会误导人。财务报告和统计报表必须有保留地接受,因为它们总有被夸大而不是相反的倾向。华尔街的两家通讯社在很好地履行自己的职责,华尔街在这方面走在了伦巴第街①的前面。如果股票投机者要从它们提供的服务中攫取有价值的东西,那么就必须学会甄别它们本着同一种精神印发的不同材料。

有关华尔街的传闻的发生过程本身就很奇妙,通讯社和报纸的职能就是印发一切看似有事实根据的传闻。也就是说,传闻在广为流传之前总是应该先得到核实,报界虽然一直在执行这条业内通行的规则,却又常常忽视这条规则。真可谓是"未来之事传闻多",这也印证了一句老话"未来之事先有征兆"。

为了举例说明这个问题,我们将援引阿尔法贝矿业公司(Alphabet Mining Company)这个例子。阿尔法贝矿业公司定于本月15日召开会议发布股息分配方案。该公司上年度经营不佳,需要变更股息分配方案。以前每年的股息是6%。10～15日间,有关该公司这年股息分配方案的传闻四起:(1)分配方案已经通过;(2)今年的股息将会降到4%;(3)有位董事表示,鉴于情况并没有所报的那么糟糕,今年的股息维持不变;(4)今

---

① 伦敦城金融街。——译者注

年的股息将降到 5%;(6)董事们一致同意推迟会议召开日期。

诸如此类,不一而足。还有人更是想入非非,说什么"如果增派股息,就有可能会召开一次铁路会议"。还有传闻说,"这家公司的控股权已经发生变更"。在召开这样的会议之前,传闻制造者们总是最忙碌的人。

还有,在恐慌时期,股评撰稿人会发现自己很难在华尔街轻松漫步走过几个街区,常会被人拦住告诉一些诸如某家证券公司惹上了麻烦之类的"秘密"。这时,撰稿人必须机智、谨慎地把这些几乎都是没有事实根据的谣言"扼杀"在摇篮之中,因为稍有不慎就有可能酿成大祸和受到严重伤害。如真有倒闭案发生,常常都是意料之外的,很少有被传闻言中的。

自从纽约、波士顿和芝加哥之间通了私人专用电话以后,波士顿和芝加哥就成了很多有关华尔街的传言的始作俑者,尤其是芝加哥一直在编造一些俗套的谣言:"据报道,'××'不幸身亡"。这里的"××"往往被代之以美国总统的姓名或者任何其他能够迅速吸引眼球的人的名字。波士顿尽情地发挥着自己的想象力,编造着有关矿业、工业和铁路业的动听故事。有时,这些故事的编造者们还真能凭借他们丰富的想象力和表达天赋与印第安纳州的小说家们一较高下。

报纸撰稿人都练就了几乎能立刻辨别消息真伪的本领。如果消息源自一个说话总用"我听说""他们说""据说""听一个我不认识的人说"等开头的人或者任何同样不可靠的其他信息来源,那么最好不要相信。如果消息源自一个有名有姓的权威人士,而且是亲耳听到的,那么也许还值得做进一步的核实。凡是传闻,只有它们的制造者才知道它们的真假。股票投机者应该研究传闻的相对价值,并且学会利用传闻的市场效应,但必须始终牢记:传闻十有八九是假的,但无论真假都会对价格形成产生影响。

总之,可以这么说,财经报纸的撰稿人并不会指望他们的读者会把他们的观点作为定论来接受。财经报纸撰稿人的职责并不是像那么多小投机者认为的那样,要告诉读者如何投机赚钱或至少是告诉读者如何投机不赔钱。他们的职责其实就是讨论那些影响金融和经济形势的因素,明确每种因素的确切作用,并且运用常识和成熟的判断力,心平气和地考量每一种因素。

股票投机者最好能够记住,财经撰稿人有自己的观点和偏见,会做出正确、错误或者不痛不痒的判断。他们只不过是努力诊断"病情"的医生而已,他们与医生不同的地方就是不给病人开处方。倘若他们也开处方，并且变成了股价预测者，那么就像医生，也像律师。但即便如此，他们也不用对自己的判断错误负责，而全由投机者自己埋单。

《华尔街日报》的一位撰稿人以下列方式讨论这个问题。

有读者来信称："据我所知，几乎所有日报的财经类文章和大部分财经报纸关于财经问题的讨论都就如预料的那样看好市场。为什么会这样？我关心财经文章已有多年，并且发现除了个别例外之外，情况几乎都是如此。您能不能给我解释一下？"

为了理解回答以上这个问题所涉及的内容，有必要明确"看多者"或"多方"的确切意思。这里的"多方"是指手中有东西可卖，并且想卖好价钱的一方。因此，多方渴望价格上涨以便能把手中的东西卖掉。相反，空方则是想低价买进东西的一方。

现在，华尔街的一切金融活动只有一个目的，就是一方面募集公众的资金，另一方面向公众发售证券。一家业务活跃的华尔街银行就会参与到一个可以被称为证券制造和销售的过程。银行业务的最主要部分就是为了自己或者替其他银行把证券转换成现金。如果是替其他银行把证券转换成现金，那么就要收取佣金作为回报。有些时候，金融机构比其他时候需要较少的公众资金，但是，全部吃进公众的资金，往往能刺激公众的证券需求欲。这样，公众就有心情拿自己的现金购买证券，从而满足通常所说的广大金融利益集团的需要。

因此，这些金融利益集团总是或者几乎总是想方设法始终保证公众有好的心情涉足证券市场，它们急切希望阻止公众变得警觉起来，而且通常也愿意帮助公众培育投机欲望。这可能就是为什么无论是在经济繁荣还是萧条时期报纸总是不出预料地发文看好市场的一个原因。以下这句话已经成了华尔街的格言：只要能产生哪怕是暂时的牛市效应，公众——或者更确切地说是华尔街——就能够容忍任何失实甚至误传。

公众不明白，甚至可能永远也不会明白，华尔街可是一切重要金融交易的"终审法院"。公众已经习惯于自视孤立无助，只能任由那些精明的金融家和肆无忌惮的投机商摆布。如果公众能够明白——哪怕就这么一回——改变这种局面的密钥就掌握在他们自己的手中；倘若没有他们的资金，那些大金融利益集团就只能是无所作为或者根本就毫无作为；除此之外，倘若公众能够稍做努力去了解事实真相，并且掌握一些数据和有关股票价值的知识，那么就能在华尔街少赔好多钱，而很多企业就绝不可能存在。在卖给公众之前，股票和债券就绝不能算已经售出。股票操纵者也许能够操纵交易所股票的价格,并且可能会大量制造虚假交易。但是,如果公众不把自己的钱投入证券交易所,而且也不买证券,那么无论怎样操纵股市也都是徒劳无益。

当然,认为"财经评论在任何时候都看好市场,是为了大金融利益集团的利益而不惜牺牲公众利益预先安排的结果"的看法有失公允。强调事物充满希望甚至乐观的一面,必然比强调事物正反两个方面更加讨人喜欢。一般来说,有利于证券价格上涨的也同样有利于企业界和公众。我们更乐意看到事物令人愉悦的一面,而不是事物的另一面。不过,以下这种说法也许更加符合事实:总的来说,令人愉悦的东西太多,而令人不快的东西太少。只是太多的时候,直到最后一刻公众仍欢欣鼓舞。公众在遇到麻烦赔钱以后能得到的唯一安慰通常就是某种形式的善意斥责,责怪他们之前没能预见到麻烦。

只要涉及投机,正常的怀疑态度在华尔街几乎总有立足之地。这样,在华尔街投机很少赔钱。经历过一两次恐慌的投机者都非常清楚,成功的投机者必须吸取的第一个教训就是,规避恐慌造成的灾难。恐慌的实质就在于每个交易过度——无论程度高低——的投机者早晚会被清除出局。如果在金融海啸袭来时,账面盈利都被抹光,那么积累可观的账面盈利又有何用?人们能够避免陷入恐慌的唯一途径就是时刻保持高度的谨慎和怀疑。成功的投机者有时可能必须甘愿放弃 2/3 明显能赚钱的机会,而且还必须学会在多方高歌猛进时及时平仓获利。投机者只有在掌握了以上那么多秘诀之后才能算学会了投机,才能在华尔街一试身手。

第二十一章

股票投机的距离和身份条件

第二十一章　股票投机的距离和身份条件

有些表现活跃的投机者习惯把他们的失败归因于自己所处的距离和身份劣势。也就是说,外部交易者认为证券交易所会员处于相对有利的赚钱位置。股票经纪人是在交易所"现场"做交易,并且与市场保持着非常密切的关系,因此能比外部交易者把握更多的机会并把风险控制在较小的程度。其实,情况并非总是如此。经纪人和外部交易者虽然有着相同的目标(即赚钱),但处于明显不同的地位,并且采取完全不同的交易方法。

我们可以合理地认为,与位于纽约、芝加哥或其他地方的外部交易者相比,为自己交易的证券交易所会员与市场保持着一种赋予他们实质性优势——不用支付佣金——的关系。

为了说明这一点,我们可以拿芝加哥的一个犹太青年作为例子。这个犹太青年毕业于哈佛大学,并且选择买卖股票为职业。他的父亲是一个成功的股票交易商,因此完全支持儿子的志向。这个年轻人开始在芝加哥通过电话与纽约证券交易所市场进行交易,结果赔了钱。他认为,他本人作为股票交易者,由于一些他本可以排除的因素而处于不利的位置。在他看来,股票报价从纽约证券交易所交易大厅传送到股价自动收报器需要几分钟的时间,从纽约传送到芝加哥需要更多的时间,然后再分送到芝加哥全城又需要时间,而等他下单然后传送到纽约,再传送到纽约证券交易所,再付诸执行又拖延了很多时间。虽然完成上述过程的交易机制已经得到了高度完善,并且缩短到了以秒计数的时间,但是,寻求"转身灵活"的交易者无疑会明确地把他们的工作条件理解为不利于甚至阻碍交易。

于是,这个年轻的犹太人离开芝加哥来到纽约,在纽约证券交易所一家会员经纪公司的营业所做股票交易。现在,他可以就像他曾经梦寐以求的那样随时查看股价自动收报器或者行情牌研究股市行情。他所想象或者真实的优势地位并没有给他带来可观的利润。在经过了一段时间的场外交易尝试后,他花钱买了个纽约证券交易所会员席位,并且成了一个职业交易商。现在,他可以做自己愿意做的事,研究一些经纪人个人和群体执行交易指令的习惯和方法、交易窍门以及为造市而编造的小道消息的相对价值。他早期的投机交易绝对算不上非常成功。在父母的帮助下,这个年轻人的股票生意一度还做得真不小,而且还因此亢奋了一阵子。

一年以后,这个年轻的交易商实际已经赚钱了,并且完全能够依靠每天在股市做冒险生意来谋取生计。正如他希望的那样,在他看来,作为活跃的交易商,他已经摆脱了外部交易者必须要面对的不利条件。

然而,也许有人会认为,并不是所有的交易者都能成为证券交易所会员,而且成为"交易经纪人"需要具备并不是所有成功的非交易所会员投机者都有的素质条件。外部交易者也许会认为,只要遇上有能力的经纪人,有一间安静的办公室、一部股价自动收报器,并且了解每日新闻,那么他们自身的优势条件就足以超越交易所会员的优势条件。首先,与嘈杂、混乱的交易所交易大厅相比,他们更喜欢安静的办公室。对于他们来说,绝对安静的环境是他们考虑的首要因素。其次,他们喜欢坐在股价自动收报器前,能够面对自动收报器研究买盘和卖盘、供求与市场状况以及各种需要职业交易员认真研究的因素。在他们看来,能够平静地阅读股价自动收报器打出的纸带,然后根据迅速打印出来的交易记录快速就交易意义做出判断等条件,完全能够补偿下单执行交易指令浪费的时间。

外部交易者考虑的另一个因素是,在一间能搜集到目的在于影响股价的市场消息的办公室里进行交易。因此,有的办公室相对于其他办公室可能也具有很重要的优势。这种优势条件可以表现为在交易所交易大厅由相当机灵的经纪人把经纪人行情室的消息和八卦传递到办公室,也可以是拥有一个可靠的信息来源,如在交易所有办公桌的报纸财经栏目撰稿人,或者与某个实力雄厚的投机商或财团保持着密切的关系。成功的外部交易者明白,他们要做好自己的交易,必须决策果断迅速,具有准确的市场判断力,并且全天都要投身于股票交易。

市场各不相同,而人与人之间的差异就更大。不同交易者的经验表明,由于每个交易者的气质和性格不同,看问题的角度也不同,因此,做股票所需的条件也大相径庭。在交易所交易大厅交易与在一间位于纽约的环境优雅的办公室里进行交易,都有各自几乎不相上下的优势和劣势。

在考虑这个问题时,不妨采用一种流行的假设:有两个经纪人,都是证券交易所会员。其中的一个经纪人为自己下单交易,每买进或卖出 100 股股票的费用是 1.12 美元;而另一个经纪人委托另一个会员经纪人执行交易指令,他的交易净费用是每 100 股 3.12 美元。因此,场内交易员有每 100 股股票交易费用少 2 美元的优势。外部交易者不是交易所会员,需要支付佣金。交易所会员要缴纳 75 000 美元的会费,这笔资金以 5％的利率计。最初支付的会员费是每年 3 750 美元。要想赚回这笔年费,会员交易商就必须每年从交易收入中减去这笔年费和交易费用。外部交易者在开始交易时没有任何这种性质的固定费用。当然,如果某个外部交易者非常活跃,或者交易量很大,那么他的佣金账单很快就会超出会员交易商的年费。普通的外部交易者一年无论如何也不用支付 3 750 美元的佣金。会费问题是一个应该由交易者个人自己决定的问题,他们应该不难权衡自己应该怎样做才比较合算。

比较取得成功的外部交易商人数与取得成功的交易所会员交易商人数,并不一定能够得出正确的结论。纽约证券交易所有 1 100 个会员交易商,因此会员交易商的人数当然是有限的;而外部交易商的人数则要数倍于会员交易商,因此,取得成功的外部交易商可能在人数上占有优势。但是,如果比较 25 个会员交易商和 25 个外部交易商的交易量,那么,会员交易商可能会胜出。

如果综合考虑以上各有关问题,那么就能得出如下结论:在纽约的某个分支机构或者其他城市做交易的外部日内交易者与在交易所交易大厅或者办公室做交易的会员交易商相比,处于明显的劣势地位。

无论是合法经纪人还是对敲公司老板,华尔街人的经验表明,外部日内交易者(非会员交易商)很少能够取得成功。他们被迫处在严重不利的"赌徒"位置上,并且每下一次"赌注"就得支付 25 美元的费用,另外还要支付账户利息。但是,也应该承认,远距离偶尔交易的交易者的失败概率并不明显高于每天冒险做交易的交易者。从长远看,后者几乎绝对肯定会失败,而偶尔为之的交易者则居于比较安全的位置。

── 第二十二章 ──

股票投机者的气质与禀赋条件

第二十二章 股票投机者的气质与禀赋条件

黏液质的人只要还具备其他必要的素质,那么就最适合做投机生意。这是因为,他们能在赔钱时不会有心理抑郁的感觉,而在赚钱时又不会忘乎所以。但是,也不应该把这理解为神经质的人就不可能成为成功的投机者。事实上,很多成功的投机者都是神经质的人。不过,也有不少投机者患上了神经疾病。投机生意活跃时,投机者的饮食没有规律,因此,现在成功的股票投机者大多饱受神经性消化不良的困扰。在交易所收市之前,有些投机者吃不下饭;另一些投机者只能吃一些清淡、容易消化的食物;还有一些投机者不节制地吸烟、饮酒,就是不吃食物;再有一些投机者无论是赚钱还是赔钱都能大快朵颐,倒也没有伤着消化器官。后一类投机者当然因为生活习惯规律而具有气质上的优势,与极其神经质的人相比更有活力。健康的身体能够造就健康的心理,而身体健康是投机者必须具备的一个重要条件。纽约证券交易所有一个年纪较轻、非常聪明的投机者,从他父亲那里继承了交易所会员资格,他父亲也是一个成功的投机商,死于一种极有可能是因为没有把握准交易而患上的神经疾病。这个年轻的投机商在赚钱方面绝不输给他父亲,但比他父亲更加神经过敏,因此经常隔一段时间就不得不离开华尔街外出旅行休养。

有一个不知名的撰稿人在谈到投机者必须具备的素质时,按以下顺序进行罗列:(1)自立;(2)判断力;(3)勇敢;(4)谨慎性;(5)适应性。

"第一,自立。一个人一定要善于独立思考,要有自己的信念。乔治·麦克唐纳(George Macdonald)曾经说过:'一个人不能拥有别人的灵魂或者身体,当然也不能照抄别人的思想。'自信是取得成功的基础。

"第二,判断力。平衡就是根据所谓的良好判断力精确地调整其他各种能力,而判断力则是投机者必须具备的基本能力。

"第三,勇敢。勇敢也就是根据内心决定采取行动的信心。投机需要米拉博(Mirabeau)在以下这句名言中所说的价值取向:'勇敢,勇敢,永远勇敢。'

"第四,谨慎性。谨慎性就是权衡危险的能力,再加上一定的警觉和机敏,是非常重要的。谨慎性和勇敢之间应该达成一种平衡:思考要谨慎,执行要大胆。培根勋爵(Lord Bacon)说过:'在沉思时应该考虑到所有问题,而在执行时除了极其可怕的危险以外,要目空一切。'与这两个素质相关的第三种素质,确切地说是这两种素质的自然发展结果,也就是敏捷。思想确定以后,行动就应该跟上。

"第五,适应性。这里的适应性是指善于改变看法的能力、修正的能力。爱默生(Emerson)曾经说过:'善于观察、再观察的人始终令人敬畏。'

"以上是投机者必须具备的素质,而且必须达成各种素质的平衡。一种素质的不足或者过度都会毁掉整个素质组合的效能。具备并且适当提升这些能力当然很难,但投机就像人生一样,只有很少的人能够取得成功,而很多人则会遭遇失败。"

第二十三章

经纪人及其客户

第二十三章 经纪人及其客户

与公众打交道的股票经纪人有两类：一是投机性股票经纪人，二是非投机性股票经纪人。

最好雇用那些不做投机交易的经纪人。他们对市场没有倾向性的看法，因此对市场的看法要比那些自己也做股票投机的经纪人更有价值。他们还会以某种方式根据市场的每一变化调整自己的看法，自然会向客户提供交易建议，因为他们深信自己的判断准确无误，而且相信客户的交易也对他们自身有帮助。

医生给自己或者家人看病，并不会比他们给别人看病更加有效。有些经纪人会毫不犹豫地承认，虽然他们能够成功建议别人做好股票交易，但在为自己冒险投机时常常输得很惨。很多证券经纪公司在与经纪人签订合伙协议时规定，公司员工不得从事投机交易。因此，这些经纪公司的经纪人更受客户青睐。经验告诉他们，只有这样才能最大限度地降低股票委托交易的风险。大投机商只要有可能，就会委托这类经纪公司替自己执行交易指令，并且通过此举来提高不干预和财务稳健等方面的安全系数。

有些交易者认为，只要委托一家参与某个机构操纵行动的经纪公司执行交易，成功的概率就会提高。有时，这种选择无疑值得称道，但是，交易者必须始终牢记，他们的利益明显处于次要地位。一旦出现紧急情况，参与操纵行动的经纪人甚至会不惜牺牲客户的利益来保全自己。

股票交易者在可能的情况下应该对自己要委托的经纪人做一番调查研究。经过调研，他们就会发现，无论是心理素质、职业道德还是行为表现，经纪人彼此之间大相径庭。有些经纪人会事先弄清他们的客户希望在市场上做什么，然后再提出相应的建议。笔者曾不止一次听说，有的经纪人提出了一些与影响交易的努力完全相悖的建议。例如，在某甲表达了相信某只股票价格会涨的观点以后，经纪人就建议他买进这只股票；而仅仅过了10分钟，在某乙告诉同一个经纪人他认为那只股票会跌后，经纪人就建议卖空同一只股票。结果，奇怪的是这两个客户都赔了钱，因为他们在市场刚出现小幅波动时就割肉斩仓。其实，这个经纪人是为了赚取佣金而纵容客户做这两笔交易。还有一些经纪人昧着良心唆使客户交易，甚至到了不惜伤害客户的地步。不过，识别经纪人的这种行径并不困难。

客户在开立交易账户时应该注重经纪人的声誉:是新手还老手？是否有成功的经历？他的客户都是长期客户还是短期客户？是经常还是偶尔建议客户冒险？

经纪人这个职业要求他们对客户不卑不亢甚至"冷漠无情"，必须不受客户损失的干扰。如果经纪人因客户损失而受到情绪影响，那么就会像一个在生命垂危的病人床头做护理的太富同情心的护士那样陷入一种危险的境地。经纪人就像驾驶飞机的飞行员，必须时刻保持冷静，尤其是在恐慌时期。如果他们同情每一个遭遇损失的客户，那么就有可能很快患上神经过敏的毛病，不是不得不退出经纪人这个行当就是赔光自己的本钱。一个从业20年的成功经纪人在他的账簿上记着用个人支票补偿的小额欠款，总共多达10万美元。他在谈到这个问题时表示:"如果能重新来过，我真怀疑自己还会这样做。这些人几乎从不领情。尽管这是一个必须遵循的行业惯例，但我仍会毫不犹豫地谴责这种做法。这对经纪人和他们的客户都没有任何好处。"

正直、能干的经纪人希望自己的客户能够赚钱，客户的成功是经纪人能为自己做的最好广告。正直、能干的经纪人会给客户出谋划策，努力让他们赚钱。经纪人建议客户交易的态度会受到客户心理素质和财力以及他们对市场和特定股票态度的影响。

第二十四章

对敲公司

第二十四章 对敲公司

对敲公司是一些根据股票涨跌下注的场所。下注者存入保证金,也许占交易额的1%～10%,并且"买入"或者"卖出"某只股票。对敲公司收进保证金,并且在名义上"买入"或者"卖出"下单者指定的股票,但实际并不"买入"或者"卖出",因为对敲公司就是在"买空""卖空"。也就是说,如果客户下对了赌注,那么对敲公司在自己承担得起的限度内认输赔钱;如果客户下错了赌注,那么对敲公司就赢得下注者的损失。

对敲公司的经营原理就是,如果投机者长期下注赌博,那么从长期看,投机者十有八九甚至更大的概率会输钱。尽管投机者们总想捞回下注输掉的本钱,但还是心服口服地相信一般投机者对股票市场的看法:股票市场"不可战胜"。

对敲公司已有 25 年多的历史,当局曾多次采取行动取缔它们,但都没有成功。对敲公司自问世以来不断发展壮大,已经吸纳了大量的资金。据说,按保守的估计,这种股票赌博的资金输赢每年至少要达到数百万美元的规模。20 年前,纽约和华尔街唯一一家上规模的对敲公司就是由一个新英格兰人创办的路易斯·托德公司(Louis Todd)。这家公司先是开在宽街(Broad Street)44 号,后来又经扩大在新街(New Street)开了一个门面。成百上千贫困潦倒的投机者和小职员就在这里下注赌博,而这家"赌场"的后台老板托德却发了大财,用他赚的部分利润建造了马尔堡(Marlborough)和旺多姆(Vendome)这两家百老汇大酒店(Broadway Hotel)。他在退出江湖时早已发迹成为百万富翁。其间,新街南头又冒出了十来家规模很小的对敲公司。此前,在华尔街人的眼里,这附近的一些大楼比瘟疫区好不了多少。这些对敲公司都是一些有点小钱的赌徒开办的,开张个把星期就会关门。老板们卷钱逃匿,而"客户"们下的赌注也就打了水漂。一两个星期以后,倒闭的对敲公司老板会毫不犹豫地在另一个营业场所用另一个名号重操旧业。有些对敲公司也可能确实经营不下去而申请破产。碰到这种情况,公司就要用银行账户里所剩的资金依法赔偿下注的客户,但这种情况屈指可数。除了很少几次间歇外,从事这个行当的人从未受到干扰。欺诈破产的事情经常发生,因此,刑法没有更积极地惩罚如此明目张胆地从事这种抢劫行径的人,实在令人觉得奇怪。

自 1890 年以来,对敲业不断发展壮大,现在已经在股票投机交易中扮演了一个很重要的角色;同时自身也得到了很好的完善,以至于很多股票投机者无法把对敲公司与合法的证券经纪公司区分开来。现在,只要是有股票投机的地方,都有对敲公司在做股票投机生意。

目前主要有以下几种对敲公司:一是资本有限、专做本地生意的小公司。二是冒充银行机构大做广告,其实没有交易所会员资格,采用本地通信委托并与大城市连线交易方式做对敲的公司。三是具有交易所会员资格,并以合法身份从事对敲业务的公司。四是经营私人连线交易,但不接受本地交易委托,专门赚乡村小镇投资者钱的对敲公司。五是在必要时进行对敲的看似值得尊敬的证券经纪公司。

第一种对敲公司都是由一些不负责任的人开设经营的。这些人就用100美元或1 000美元的现金开办公司,或者,更有胆大妄为的投机分子分文不花就开公司骗钱。只要有人来下注输钱,这类对敲公司就能维持下去,但很少能持续到花光交易者保证金再关门的。5股一注的交易最受欢迎,而10股则是最大的赌注。保证金定为1%,但通常以2%为上限。佣金按1/8或者1/4的比例收取。当保证金快用完时,下注者如果愿意,当然可以追加。

1896～1902年,由于股市一路上扬,上述第二类对敲公司中发生过许多严重的倒闭案,但仍有很多今天还在营业,有几家财力已经非常雄厚。它们的客户对其交易方式十分满意,而且也无法把它们与合法的证券经纪公司区分开来。它们有装潢考究的营业场所,花大把钱做广告,并且向未来的输家赠送装帧考究的图书和宣传小册子。

在第三类对敲公司中,有些公司认为交易所会员这张招牌是一种招徕生意的宝贵资产。它们专做某家交易所单子"配对"交易,并且自视多少要比竞争对手高明一点。

第四种对敲公司在华尔街设有总部,租用私人电话系统传送股票价格,并且采用一种利润分成制或者薪酬制雇用代理商。公司老板或者出资人的姓名通常是不会出现在公司名称中的,如纽约经纪公司(New York Commission Co.)。有时,它们会雇用多至十来个电报发报员,不但做股票单子对敲生意,而且还做粮食和棉花单子对敲生意。这类对敲公司中有些通常被认为专门做一些暴利生意。它们的客户都没有经验,而外地投机者则被认为是它们输钱最快的客户。

那些被归入第五类的对敲公司有点名不副实。尽管它们在受到金融灾难威胁时也会求助于对敲这种操作方式,但几乎不能被归入对敲公司。这类公司都是股票交易所的正式会员。它们的员工可能在做很多股票的交易,难免其中有股票下跌。公司要求客户

第二十四章 对敲公司

清仓,但公司的建议没有受到重视。相反,有些客户也许会坚持补进更多的筹码。为了避开"暴风雨",公司就考虑进行自我保护,而不是承担更大的风险,于是决定抛弃"船上的一些货物"。它们就擅自卖掉客户的部分或者全部股票,甚至发展到对敲自己客户单子的地步。不管怎样,等"暴风雨"一过,它们会重新买进股票补仓,事实上,经纪人赚了客户赔掉的钱。交易所的股票交易规则对这种操作有明文规定:卖给经纪公司成员记入个人账户的股票,应该作为卖空交易入账,而且公司有关成员个人或者公司得对账面上的交易额负责。盈利贷记而亏损则借记公司负责相关交易成员的个人账户。经纪人这样操作,只是以其客户亏损为赌注,但不会殃及其自身。现在,你如果在报纸上看到一家经纪公司因客户没有回复"保证金追加通知"而倒闭的消息,那么就知道这家倒闭的公司正是死于这种做"对敲"交易的经纪人在卖空客户股票时想极力避免的状况。

对敲公司颇受以下几种投机者青睐:一是被正规经纪公司拒绝的小交易者;二是那些认为根据行情牌报价交易比公开市场交易更加有利的交易者;三是那些通过信函或者电报委托在对敲公司而不是纽约市场进行交易的交易者。

在以上三类投机者中,小投机者为对敲公司创造了大部分利润;第二类投机者错误地支持对敲公司采用特有的交易技巧遏制了它们表面上的优势;而第三类投机者倘若能够完全杜绝参与这类交易,那么钱包就会更鼓。

以下是对敲公司经营者们的一些经营理念和观点:

——有 5 000 美元的资本就足以开张营业。

——股票投机十有八九要赔钱,锲而不舍的玩家必赔无疑。

——肯定会赔钱的是小投机者和那些做保证金交易的投机者。

——投机者保证金越少,赔钱的概率就越高。因此,对敲公司更偏爱保证金少的投机者。

——纵容投机者不断扩大胜利成果和交易规模,就是为了从长计议,攫取他们的全部钱财。

——应该把及时向新客户付清其所赚到的收益作为一种策略。新客户一旦对经纪公司的付款责任心感到满意,就会变得更加轻信。

——投机者几乎不会套现获利,总想赚更多,这就是对敲公司得以生存的可靠保证。

"当然,"一家对敲公司的经纪人对笔者解释说,"这就是一种赌博游戏,有很多花招。"

普通投机者会傻乎乎地相信,他们能猜对一种自己一窍不通的游戏。举例来说,假设一家大型对敲公司说服它的客户们用小额保证金总共买进 10 000 股美国制糖公司的股票。这家对敲交易公司账上正好有这只股票 10 000 股的空头仓位。于是,公司经营者就设一个公开交易的局。他会派一个他雇用的经纪人从美国制糖公司股票持有人那里吸纳筹码。有时,对敲公司在证券交易所有自己的代理人。为了逼迫客户清空美国制糖公司股票的仓位,它们通过自己的代理商以低于市价 2 个百分点的价格抛售这只股票。它们愿意以 1 000 美元的损失赚取 10 000 美元。这样的操作有时会重复多次。此外,我还认识几个精明的投机商人也玩与对敲公司完全相同的花招。他们在所有的对敲公司下单,然后赶紧操纵股市以便赢得这个赌注巨大的赌局。

"1899 年,弗劳尔(Flower)州长去世时,我们这个国家几乎没有一家有偿付能力的对敲公司。它们玩完了自己的本钱和全体客户的保证金,而且还欠下了数以百万计的负债。倘若它们的客户同时一起要求取回自己的资金,那么就没有一家还能开门营业。倒闭潮终于还是来了,一天之内,所有对敲公司的账户就被洗劫一空。这些公司的经营者们卷走了公司的全部剩余款,他们不用背债就能重起炉灶,东山再起。

"一旦遇上近几年出现的牛市,对敲公司的客户几乎全都做多,因此,大型对敲公司几乎不可能赚到高额利润。在一个宽幅震荡、快速变化的多空对决市场上,对敲公司总能有所斩获。因此,它们不需要那些小打小闹、只能承受小额损失并且试图在市场上'抢帽子'的客户,而是需要那些想通过'猜市场,赌大钱'的投机者,那些'股票走强时买进、股票走弱时卖出'的家伙。

"有些从事对敲交易的公司从未受到过怀疑,而且它们的防范措施安排得如此细致、巧妙,以至于它们永远也不会受到怀疑。由于资金充足,又精通这种交易,因此,对敲公司的经营者们明白自己经营的是我们这个国家最赚钱的'赌场'。

"如果对敲公司招来了一个不受欢迎的客户——会赚钱的客户,它们就会设法逼他走人。几年前,5 000 美元被认为是一笔可以开始这种生意的不小本钱。今天从事这类交易需要更多的资金。一家靠 10 万美元起家的对敲公司先要把第一笔 10 万美元的营业收入全部作为股息付给出资人,然后靠运气利用客户的保证金来维持。如果这个计划'出错',那么,按惯例再要求出资人分摊费用。如果分摊计划遭到出资人拒绝,对敲公司就得歇业或者说'逃债',随便你怎么认为都可以。对敲公司的投机客户有一个奇特的现

第二十四章 对敲公司

象：他们这类投机者还会回来找倒闭后重新开张的对敲公司做'交易'。

"经验告诉对敲公司的经营者，一般投机者会采取以下方式来玩：他们总是看多市场，买进股票。如果他们取得了成功，并且用 100 美元赚到了 900 美元，那么就会写信要求或者亲自到营业所提取 1 000 美元的本金和盈利，而对敲公司总会及时把钱付给他们。于是，成功的投机者会认为这家公司财务健康，并且相信自己是为数不多的能在股市中呼风唤雨的人才，财运尽在自己的掌控之中。成功使他们变得自负、大胆，不再小心翼翼。他们不但会揣着原先的 1 000 美元甚至更多的本钱重新回来撞大运，而且还可能引起一两个朋友的兴趣，他的朋友也想走同一条捷径发财致富。他们还会看好市场继续做多。

"即使他们真的撞上了大运，让 1 000 美元增加到了 2 000 美元。现在，他们极有可能过度交易，或者把钱都砸进股市——同时操作多只股票，而且布局太散，以至于股市一旦急剧下挫，就会迫使他们斩仓出局。市场终于出现了不利的行情，大盘下跌了 1 个、2 个、3 个、4 个甚至 5 个百分点，而我们的这些投机客都不得不斩仓出局。

"教训还不够惨痛，投机者们仍会跃跃欲试，但已经放弃发财的梦想，而是谦卑地奢求'不输不赢'，或者换句话说，'捞回本钱'。就是为了努力争取'不输不赢'，他们又赔掉了更多的钱。然后，他们聪明地远离股票投机，或者变成了名副其实的'胆小鬼'和赌博嗜好的牺牲品。穷人一旦染上赌博的嗜好，就像染上酗酒的嗜好那样很难戒掉。染上这种嗜好的人会因为这种嗜好而贫困潦倒，并且几乎无法胜任正经的工作，最终成为我们这个社会无用的公民。"

对敲公司的投机客户从他们向对敲公司下单赌运气那一刻起就已经失去了成功的机会。供给与需求是影响股票价格的基本因素，当供不应求时，股票价格就会上涨，反之就会下跌。对敲公司的买盘对股市价格是没有影响力的，因为买入指令并没有在公开市场上执行。假设美国的各家对敲公司某天买进 5 万股股票——一个保守的估计值，那么就不难发现这股买方势力对于影响股票价值增值来说绝对是一个负面因素，而股票价值增值则有利于投机性买方。此外，这种购买需求有时会与在交易商交易大厅实际执行的买单一同刺激股价上涨、抑制股价下跌或者产生其他重要影响。因此可以认为，对敲公司的投机客户是一股自己抵消自己的力量，他们带着很多不利的因素入局，并且以定价者的身份葬送自己的"赌局"。

有人认为,在联合交易所执行的交易指令会遭遇相同的情况。然而,这是一种错误的观点,因为在联合交易所的交易差额是要实际交割的。无论在哪里,任何一个交易日或交易周结束时,只要出现需收进或交付的股票差额,联合交易所又没有这些股票,那么,联合交易所的经纪人就得求助于"一级市场"——股票上市交易所——买进或者在需要卖出的情况下就卖出为轧平头寸可能需要的任何股票。

笔者有时听到一些在对敲公司赚到过钱的人说,他们从没听说过有人通过对敲公司做投机交易发财的,他们也都明白不可能从对敲公司赚了大钱后全身退出的道理。虽然他们也承认,即便在对敲公司买卖股票有时也能盈利,但是,审查对敲公司账册最终显示,从长期看,对敲公司的投机客户最终肯定会血本无归;但也表明,对敲公司的一般投机客户并不了解这种游戏的基本规则。

有一位当代作家表示:"我们国家有那么多被称为对敲公司的赌博场所,它们经常倒闭,它们采用的很多无耻手段也因此而大白于天下。但每次曝光显示,受害者似乎不减反增。这一切引发了大量关于我们这个时代怎样才能讲道德的讨论,并且提出了美国人是否比通常想象的愚蠢、无知,这种愚蠢和无知是否仍在加剧这样令人困惑的质问。

"在这些对敲公司的客户中无疑有很多容易上当受骗的主儿,他们想用自己的生命和仅有的那么一点钱从一个又一个不切实际的项目中挖掘财富。但是,对敲公司能够兴旺发达的根本原因就是,美国人作为一个民族,对金融投机有一种不可抗拒的欲望。虽然让我们的同胞都变成赌徒是万万不可的,虽然南海泡沫、约翰·劳计划或者郁金香热等投机狂热从未像在过去的两个世纪里席卷大半个欧洲那样席卷过整个美国,但是,在美国人民的性格中有一个对冒险的热爱和丰富的想象力占据重要地位的鲜明特点。当然,这种倾向在像我们当前有幸经历的一个大繁荣时期是最应该引起注意的,而这种倾向的最自然体现就是对主要牵动我们国家繁荣的大铁路公司和工业公司的股票表现出来的狂热。

"对敲公司开辟了最便利的投机通道。一个舍不得花10美元玩轮盘赌的农场主却乐意在为数众多的'投资公司'或者有类似冠冕堂皇名称的对敲公司设在附近镇上的一个营业部买进10股某家铁路公司的股票。通过某家交易所会员经纪公司的正规渠道进行股票投机不但成本较高,而且手续也比较复杂。正规经纪公司不但佣金和利息费用高,而且大多不愿接受小额资金,或者说不愿接受少于100股的交易委托。当然,非常知

第二十四章 对敲公司

名的客户不在此限。此外，居住在小城镇的投机者还有不能经常看到股市报价的困难。正规经纪公司的客户在市场行情对他们不利时，不但有可能损失他们的投资保证金，而且还会发现自己对经纪人欠下了沉重的债务。

"对敲公司根据一种完全不同的理念'经营'业务，它们既不根据客户下达的指令买进股票，也不按照他们的指令卖出股票，而且在很多时候根本就不假装这么做。它们的客户也根本就不会去想自己的买入'指令'和卖出'指令'是否会执行这个问题。交易双方真的把这种交易看作是对证券交易所挂牌交易的某只股票在一定幅度内的涨跌下注博运气。对敲公司收取远低于证券交易所会员公司的佣金，并且愿意接受很少股票的交易委托并收取金额很小的保证金，而且还不向客户收取利息。在正规方式完成的交易中，实际买入股票需要借钱支付股款，而借钱就要支付利息。此外，对敲公司允许客户以纽约证券交易所股价自动收报器上显示的某个确定价格开始或者结束交易，一旦客户保证金账户中的资金用完，就随即关闭账户。因此，客户就能确保：即使市场走势继续对其不利，也不会被人进一步催缴保证金。不管怎样，对敲公司这边通常不会让某些股票的累积盈利超过一定限度，而且一般也更乐意做小批量交易。对敲公司的整个'经营'体系对于小投机客显示出更大的诱惑力。倘若任何一家有证券交易所会员资格的负责任的经纪公司也能提供有如此诱惑力的服务，那么很快就能垄断由华尔街外部公众完成的投机交易。

"那么，对敲公司从哪里赚钱呢？这个问题很好问答。事实上，对敲公司的经营项目是，它们的客户连续下注赌博。从客户方面来看，他们采取的赌博方式就是猜测股市或者股价的涨跌。经验表明，一般人大多会猜错；要想获得源源不断的平均利润，就得采用各种各样的手段收进华尔街的行话所说的'铜仔'。由于外部交易者大多是任人宰割的'羔羊'（就像他们在华尔街被人这样称呼的那样），他们买进股票，而不是卖出，因此，对敲公司的客户在繁荣时期或者大盘上扬时能见到最大的盈利，而对敲公司则在这种时候会蒙受最大的损失。其次，如果对敲公司的经营者是不诚实的家伙（常常是这样），那么他们就会觉得最好在适当时候关门倒闭，然后卷走客户的全部保证金和出资人的全部利润逃匿。的确，很多对敲公司的出资人也远非毫无嫌疑的无辜者；他们不会对自己所玩的赌局的结果抱任何幻想，并且完全明白对敲公司的经营者也很可能是相当不诚实的主儿。他们常常属于那类被称为华尔街'幽灵'的不幸一族，也就是说，他们一旦在华尔街做大生意,就会赔掉已经赚到手的钱,而且不得不以一种不光彩方式进行赌博。这些人最关心的问题就是对敲公司倒闭的可能性,而在经历了持续时间很长的'牛市'以后,他们就知道对敲公司可能已经遭遇严重的损失,于是就提走自己的利润(如果还有的话),并且会把对敲公司作为一个危险场所来提防。

"因此,试图通过对敲公司来投机的做法,显然是一件极其危险的事情。如果某人觉得自己必须做股票投机,那么就应该找一家有证券交易所或者联合交易所会员资格的经纪公司。而且,千真万确的是,最好的赚钱方法就是根本不参与投机。"

第二十五章

股票投机者与联合交易所

第二十五章　股票投机者与联合交易所

股票投机者应该清楚地了解联合交易所、它的优势和劣势以及它与股票上市交易所之间的关系。由于联合交易所有时为成千上万的小股票投机者尤其是生活在城外的小投机者们提供了交易场所，因此很有必要了解这家交易所。广告上常把联合交易说成是"纽约联合交易所"（N. Y. Con. Stock Exchange）。其实，联合交易所是由一家矿业交易所和一家已经废弃的证券交易所合并而成的。19 世纪 70 和 80 年代，这里曾经是矿业股票和每手 1 000 桶原油交易凭证疯狂投机的场所。随着矿业股和原油交易凭证投机热的退去，该交易所的会员决定经营股票上市交易所表现活跃的股票的交易业务。今天，联合交易所只在名义上还做矿业股票交易，而原油交易凭证作为一种投机品种已经完全退市。因此，"纽约联合股票与石油交易所"（New York Consolidated Stock Exchange and Petroleum Exchange）是一个误称，并且已经被"纽约联合交易所"这个假名所取代。联合交易所的整个交易大厅现在几乎全被用来买卖股票上市交易所的股票。不过，联合交易所的股票交易基本上仅限于散股，实际上绝大多数是每手 10 股的交易。联合交易所的有些会员常说他们的交易所是散股投机的"一级市场"，但实际情况并非如此。股票上市交易所才是联合交易所交易的每只股票的"一级市场"。这些交易所曾经为股票报价问题对簿公堂，法院已经对这个问题做出裁决：认定联合交易所的报价在任何涉及 1 股及其成倍数交易的法律诉讼中为正式价格。此外，由于在联合交易所无法做在股票上市交易所表现不活跃股票的交易，因此，这个市场所存在的局限性显然使得它的会员提出的"一级市场"主张有点荒唐可笑。而且，可以想象，完全取缔联合交易所并不会因此对股票投资者、投机者以及股票依照股票上市交易所规定上市的公司的利益产生影响。

我们并不打算在这里回答联合交易所是不是一个有用的公共机构的问题。联合交易所会员资格的名义价格是 2 500 美元，而纽约证券交易所的会员资格（1902 年）值 83 000 美元。两者会员资格之间的差价也降低了"一级市场"主张的意义，坊间曾流传很多有关联合交易所破产的传闻，一些轻信的投资者被骗走了大量的资金。对敲公司在联合交易所都有自己的代理，而联合交易所最新的管理层仍没能克服早在 19 世纪 90 年代初就已经存在的贪污腐败问题。

有人调侃说，联合交易所拥有的资产和财产中最有价值的就是它的那块"行情显示牌"。联合交易所的行情显示牌是全美最大的,它的长度几乎有城市一个街区那么长。每个交易日从上午 10:00 到下午 15:00 点,总有两个人守在那里专门负责更新由一名报务员报给他们的股票交易价格。没人知道这些股票交易价格是从哪里来的,因为纽约证券交易所没有承认联合交易所,也不允许它使用自己想尽办法独家持有的股票交易价格信息。不过,我们也可以合理地认为,联合交易所在某个偏僻的地方保不准有个纽约证券交易所的股价自动收报器或者私下接通了传送股票交易价格的电报线。目前有两家股价电报公司,其中一家公司专门向纽约证券交易所会员公司提供股价自动收报服务,这可是世界上最快的股价自动收报服务。另一家公司提供速度较慢的股价自动收报服务,大概要比第一家慢 1~2 分钟。联合交易所会员、旅馆和公共场所一般都能获得这项服务,前提是有纽约证券交易所两家会员公司同意它们租用其中一家的线路。联合交易所交易大厅巨大的股价行情显示牌两侧各有一个速度较慢的股价自动收报器。纽约证券交易所为了拆除这两台自动收报器已经进行了多次努力。但在历次法律诉讼中,每次都是联合交易所胜诉,从而保住了它拥有和使用这两台自动收报器的权利。我们将在下文介绍联合交易所的会员使用该交易所交易大厅这两台自动收报器的情况。联合交易所自己有一个很小的股价自动收报服务处,但这个服务处并没有受到特别的重视。现在,联合交易所的会员有另一种方式可以收到纽约证券交易所的股票交易价格,但外界一般不知道,而公众就肯定不知道,这一点无须解释就能理解。由于联合交易所肯定是依靠矗立于其交易大厅的那两台速度较慢的股价收报器以及速度更慢的人工操作的行情显示牌(因为行情显示牌上的股票交易价格很可能来自于一台速度较慢的股价收报器),因此,那些能够通过纽约证券交易所交易大厅速度较快的收报器或者电话收到纽约证券交易所交易价格的投机者,能够以明显优于其竞争对手的条件进行股票投机交易。这样,在市场交易活跃时,这些投机者就能利用"快报"价格以比联合交易所正式会员低 1/8、1/4 甚或几个整百分点的价格抛售手中的股票,或者以比联合交易所正式会员高 1/8、1/4 甚或几个整百分点的价格买进股票,前提当然是联合交易所正式会员只能依赖速度较慢的股价收报设施。

联合交易所的股票交易是由以下交易者来完成的:

第一,在不违背公认交易规则的情况下执行和清算客户交易的合法经纪公司。

第二,其实就是对敲公司,而且是不遵守公认交易规则的非法经纪公司。

第三,为了节省委托交易所会员公司必须支付的佣金和其他费用而自己交易的投机客。

第四,专做散股交易并在每天收市时平仓的差价交易者。

第五,利用快速报价服务做高盈利冒险交易的交易者。

第六,在纽约、费城和波士顿之间做套利交易的套利交易者。

第七,为其他经纪人执行交易指令的经纪人。

联合交易所把会员人数限制在2 400个,其中大约1/5的会员交易活跃。

合法经纪公司并非少数,成交量也相当大。它们的客户通常是做每手10股的交易客,但有些经纪公司也有做每手100股甚至更多的客户。截至1902年,散股——50股或以下——交易收取1/16％或者相当于股票上市交易所一半的佣金,但佣金率由联合交易所会员表决通过可以上调到1/8％,这个佣金率与股票上市交易所相同。但每手50股或以上的交易佣金买进和卖出按1/6％收取,或者整手交易买卖都按1/8％的收取。对于联合交易所前三四只表现最活跃的股票,佣金经纪人答应客户始终可以按股票上市交易所的标准收取佣金,或者买进或卖出按近似1/8％或者买卖按近似1/4％收取佣金。他们还认为,散股交易者——不同于百股交易者——在股票上市交易所交易处于不利的地位,因为按惯例,10股的买入或者卖出交易要收取或者支付1/4％、1/2％、3/4％、1％甚至更多的佣金。有时,他们还能给予客户散股交易优惠,因为在大盘活跃上涨的行情中,联合交易所的股票交易价格比股票上市交易所的价格上涨更快。但显而易见,在这样的行情中,有利于卖盘的优惠必然不利于买盘;如果是在下跌而不是上涨行情,联合交易所的佣金经纪人就会提供正好相反的优惠。联合交易所的会员公司有时会在没有出现大市的情况下在股票上市交易所做佣金固定为1/8％的大单交易。此举表明他们自己的市场较之于"一级市场"存在明显的局限性,他们与股票上市交易所交易大厅有——几乎是即时的——电话联系。以下几点关于联合交易所佣金经纪公司交易指令执行设施的结论还是比较公允的:

第一,对于最受青睐和最活跃的投机性股票,联合交易所是一个很好的散股交易市场。联合交易所每手10股的交易者通常能够以接近他们在股票上市交易所做每手100股交易的价格买卖股票。

第二,对于100~500股级的交易者来说,联合交易所是一个容量太小的大单交易市场。

　　第三，对于表现不活跃的股票，联合交易所几乎没有市场，或者最多只有名义上的市场。因此常会出现这样的情况：某只股票在其挂牌交易所成为投机焦点后，如果能够维持下去，那么，联合交易所就会在短时间内开始做这只股票的交易。等到这只股票在上市交易所火过以后，小额交易必然会在联合交易所完成。

　　第四，联合交易所有个别几家经纪公司要收取6%的年息，从买入股票之日起开始计息；其他经纪公司的利息通常也比股票上市交易所经纪公司高。在股票交易每周交割时，星期一到星期六交割的股票不计利息，过了星期六交割的股票就要收取一个星期的利息。交易所不明智地采纳了当日交割制以后就开始从股票购买之日起计息。现在，联合交易所与股票上市交易所采用相同的结算方式——每天结清股票交易差额。

　　现在联合交易所没有过去那么多的对敲公司，某些被认为是对敲公司的经纪公司发现，通过与某家证券交易所建立联系不但能够招徕更多的生意，而且还能比较体面地开展业务。举例来说，有这样一家经纪公司收到买进10股或者100股的买单，就根据需要在有联系的证券交易所委托5~10个经纪人。某个价格的买单通过电话传送到这家证券交易所；与此同时，相同价格的卖单也传送出去。然后，如果有两个经纪人能"碰到一块"，他们就能对订单进行"配对"或者说"对敲"。只要可能，他们就会彼此了解手中的订单，并且努力在相互之间完成"交易"。如果没有对敲的可能，那么他们手中的买单和卖单就会按照市场最近的买入价或者卖出价执行。这种做法叫"找对象"。在完成这种交易以后，经纪公司就会发现自己陷入对敲公司的境地——没有执行证券交易所的相关规定。如果下单的客户赔了钱，经纪公司就扣他们的保证金；如果下单的客户赚了钱，经纪公司就认赔付钱。采用这种笨拙的方法经营对敲公司还有另一个原因，那就是股票上市交易所会员公司的客户可以要求知道负责执行其交易委托的经纪人的姓名，而如果这个要求得不到满足，客户就可向股票上市交易所投诉。如果股票上市交易所出面要求仍得不到经纪人的姓名，那么，这家会员公司就会受到被取消会员资格的处罚。此外，虽然执行这种交易指令的经纪人实际上是按照公司规定行事，而且复杂的簿记工作也丝毫不差，但客户仍可能以任何交易都没有执行为由不依不饶地要求经纪公司偿还他们的损失。联合交易所会员公司做这种性质业务的还真不少，已经达到相当大的比例，从而招来了很多投诉。"订单配对"或者"订单对敲"只会给交易所造成伤害，而不是带来帮助。

第二十五章　股票投机者与联合交易所

这种交易的价值充其量也就是一个零头而已,但导致其他合法的交易处于不利的地位。虽然这样的经纪公司有好几家经受过财务考验,但通过它们交易的投机者实际上是在冒险试探这些经纪公司是否对客户负责任。在通过这样的公司执行交易指令时,客户常常不得不接受与市价相差甚远的价格。每当出现这种情况时,经纪人会毫不犹豫地把责任推给他据以执行交易的联合交易所设施——而不是承认自己有过错。

希望以尽可能低的费用进行投机的人——不论年龄——会购买联合交易所会员资格,并且自己进行股票交易。无论他们是交易所会员公司的退休职员还是交易所会员的儿子或者可能是资金有限的投机者,有了联合交易所的会员资格以后就不用支付任何佣金。即使在一轮"熊市"中"做空",他们也能通过做"利差交易"来赚钱。如果他们愿意做股票融券业务——小本经纪人需要把自己的股票转给其他人做,那么就能获得平均6%或者更多的年收益。

倘若交易者就是上面说的那种投机者,那么他们每天无论如何都要平仓后才能回家。他们既不会持多仓也不会留空仓过夜,他们觉得这样做才能睡安稳觉。他们为赚点小钱而做股票交易,有时也会赔点小钱,损失通常在1/8左右,很少有超过1/4的。他们会认真研究自己所在交易所每组经纪人需求增加的情况,并且能够凭本能"猜测"他们"随后"的报价。他们依靠合法经纪行或者他们的同行亏损的资金谋生,是十足的"投机商人"。他们对市场没有自己的看法,就是跟着联合交易所的两台股价自动收报器下单,并且被股市成交量和自己对成交量的理解牵着走。他们讨厌对敲公司,因为当对敲公司为自己接到的单子配对时,就意味着外部交易者要比买卖单不对敲实际执行少赔钱。他们对依靠快速报价下单的交易员也持相同的态度。

依靠快速报价下单的交易员通过以下两个途径来获得报价信息。他们与其他交易所速度较快的股价收报器或者某个会员有私人秘密电话联系。这样的"电话"联系还真不多!这些交易员站在人头攒动的交易大厅里观察电话男孩发出的表示股价涨跌的手势,并且根据手势变化略先于股价行情显示牌和自动收报器的报价买卖股票。这种交易员由于采取不正当的手段而不受其他交易员欢迎,但有时却做着十分有利可图的交易。他们会间歇性地中断交易,因为"电话联系"可能会突然中断又会意外接通。其他没有这种特殊装备优势的交易员会试图跟着他们做。但这样做,整天绷紧着神经十分累人,很少有人能够坚持很长时间。

联合交易所的有些经纪行喜欢做纽约、费城和波士顿证券交易所之间的套利交易,但无论如何都不会正式在其中的某家交易所报价。虽然联合交易所、波士顿交易所和费城交易所之间的套利交易规模怎么也不能算大,但仍有联合交易所的会员表示,最好的办法就是买到某家股票上市交易所的会员资格,派代表在那里坐镇,并且利用联合交易所与股票上市交易所之间优越的报价传送设施进行套利。这些被有些人称为"套利公司"的经纪行必须至少拥有几家证券交易所的会员资格,控制比较多的资金。股票套利交易风险很大,原因在于:如果某家证券交易所的会员被发现违规进行套利交易,那么就会被相关证券交易所取消会员资格。然而,确实也有一些经纪人采用这种方式,拿自己的声誉去冒险。

第二十六章

信息贩子

第二十六章 信息贩子

股票投机新手在开始投机冒险前有可能会问别人："有什么信息可透露的吗？""买哪只股票能赚钱？"这些问题的答案是否定的，而且不用加任何限定词。

股票市场上有两种信息贩子常在公众面前露面。第一种是兜售型贩子。这种贩子有男有女，他们以虚假的姓名或者某"信息机构"的名义大肆兜售某只或者某些股票的走势预测信息。第二种是专门瞄准私人订户的贩卖消息的所谓"新闻社"。这种信息贩子与第一种信息贩子的区别仅在于，它们不做广告兜售。

信息交易在华尔街还算是一种比较新的行当，这在10年前根本是不可能的事。近些年来，人们的财富以惊人的速度增加、公众对投机的酷爱以及令人难以置信的轻信一同为这种冒险的职业营造了生存空间。这个职业发展迅速，一些知名报纸纷纷开辟股市信息栏目，把这些栏目的版面卖给信息贩子。美国政府不但没能禁止信息贩子通过邮政渠道散发广告，而且让他们毫无困难地在纽约租到了邮箱。信息贩子们以某个假名通过邮箱来开展业务，他们当然大多不愿与他们的客户见面。由于采用邮箱通信这种联系方式不用在信封上注明地址和姓名，因此他们能够很好地保护自己。其实，这种联系方式本身就应该足以引起敏感的人的警觉：这些信息贩子都是一些见不得人的骗子。但说来奇怪，从事这个行当的个人和所谓的机构有时还能招徕到多达1 500个订户，每个订户每月支付5~10美元订阅这些白字连篇的所谓市场信息。

纽约布鲁克林区有一个名叫米勒的青年，他受雇于一伙投机商，结果被他们当作工具，负责创办一个实际不存在的组织。他给这个组织取名为"富兰克林财团"。这个组织的总部就设在布鲁克林区一个偏僻贫民窟的一间二层小木屋里。这个年轻人大量散发用劣质信纸制作的低劣广告，并且在广告中吹嘘自己发现了一种成功的股市投机方法，能帮助他的客户实现520%的年收益。就靠这么简单的吹嘘，他成功地骗到了80多万美元。后来，纽约的各家日报纷纷把他作为骗子来揭露，这个年轻人结果被判处在纽约州监狱服有期徒刑的刑罚，而他的幕后指使者们却成功地携带着大部分赃款逃到了欧洲。米勒的所谓客户男女老少都有，但不可思议的是，其中居然还有很多医生。当时（1900年），投机的欲望非常强烈。事后，很多人承认，他们知道米勒是在骗人，他不可能信守诺言，但他们就是希望自己能够成为在骗局败露前收回全部本金还能赚钱的早期投资者中的一员。

当时还有一个出名的信息贩子,他有一个常见的爱尔兰人名字,而且从各方面看都是一个再平凡不过的普通人,但他用一个非常响亮的英格兰人名字推销他的"内幕消息"。他把一些奇妙的电报代码寄给他的订户,然后通过电报局用这些电报代码来传送他的"内幕消息"。他采用的方法是那么独特,广告又做得那么天花乱坠,而且投机热又经久不衰,以至于在麦金莱(McKinley)第二次参加总统选举前夕,这个爱尔兰人为他那所谓的服务招徕到了1 500~1 600个订户。在麦金莱先生第二次参选之前,他告诉自己的订户"卖空"股票,因为他认为布赖恩(Bryan)将以压倒优势当选总统。于是,他的订户不得不把选票投给这位共和党总统候选人,以收回他们对亏损代表人物的承诺。大选揭晓后,这个爱尔兰"内幕消息"贩子受到了非常严厉的谴责,以至于不得不揣着来路不光彩的七八万美元退出了这个圈子,后来做起了当时非常赚钱的生意——兜售毫无价值的石油股票。

还有一个这类骗子的代表人物,他有一百来个"内幕消息"订户。他建议其中的50个订户卖空某只股票,但又劝另外50个订户买进同一只股票。如果50个订户赔了钱,他就可以争辩说,有50个订户赚了钱——一种错误的演绎。但没过多久,他就在这一行里混不下去了。

再有一类兜售"内幕消息"的贩子,他们都有"机要速记员""私人专线报务员"或"簿记员"等职业,他们要先收现金,然后再提供"内幕消息"。其中的一些"内幕消息"贩子使用的方法太过原始、直白,以至于他们刊登的广告成了华尔街的笑柄。然而,今天仍有很多人上他们的当、被他们欺骗。他们群发透露的所谓"内幕消息"毫无价值,只不过是一些由绝对缺乏自重的人瞎蒙的东西而已。

一次,有一家报纸报道称,一个西部金融投机商正在来纽约的途中。据证实,写这篇报道的是这家报纸财经栏目的一名记者。这个投机商看到这篇报道后,立刻就拿着一封由一个经纪人开具的介绍信来到报社,非常诚恳地请求能让他平静地生活,因为他已改邪归正,自从来到华尔街以后就没再做任何非法生意。他曾经是西部最大胆妄为的股票投机商,靠兜售"内幕消息"以及做"全权委托经纪业务"大肆敛取钱财。他是一个相貌堂堂、和颜悦色的西部汉子,说话非常坦率,再加上那封很有分量的介绍信。报社接待员人就毫不迟疑地满口答应,只要他信守诺言,报纸就不会再对他做负面报道。他感谢不迭,

第二十六章　信息贩子

正准备起身告辞,写那篇报道的记者提醒他说,如果他以为可以不守信用,那么就很容易遭到报应,他们就会把他过去所做的事散布出去。

"其实没有什么可以多说的,"这个昔日的信息贩子解释说,"事情很简单。你也知道情况是这样的:假设我许诺投资股票和债券保证能实现6%的收益,并通过报纸或者邮件做广告宣传我的许诺,那么恐怕等到头发发白也不会有小投资者——我们的生意对象,而且最好是小镇或者乡下的小投资者——理睬。但是,如果我向公众许诺40%、50%甚至100%的收益,只要有一个好的开端,再加上信函推广,那么我敢保证我得租车来装随信寄来的钱。只有利用这些小投资者的贪婪心,才能赚他们的钱,别无其他办法。我也不介意告诉你,我洗手不干的一个原因就是,当局已经下令关闭我的信箱,我已经无法使用我的信箱了。"

没过9个月,一家自称专门揭露骗局的征询社的私人侦探到上面那家报社拜访那位记者,并且表示他代表上面说到过的那个已经改过自新的"内幕消息"贩子转达他的一个建议。他说:"那位先生自来纽约以后一直在做合法的经纪生意,但不是以自己的名字,而是以另一个人的姓名。他做的是一种全权委托业务'信函下单',绝对没有偷也没有抢任何人。贵报的记者告诉他说,明天贵报将刊登一篇有关他的报道。如果你们答应扣下这篇报道不发,我现在就可以付你们1 000美元。"

结果,这个侦探遭到了拒绝,并且被警告不要再来干扰他们的工作,如果再纠缠不清,也将一起被"曝光"。这家报纸的主编也知道了此事,第二天就发表了披露这件事的报道。这个改过自新的"内幕消息"贩子遭到了起诉,估计被罚没了十多万美元的赃款,两家涉案的"公司"——一家是"全权委托投资"经纪公司,另一家是他声称下单交易的交易所经纪行——也被迫关门。这十多万美元的赃款是以许诺40%的年收益率从外地投机者那里骗来的。在骗局刚开始时,他确实按许诺定期支付40%的收益。

其实,第一种"内幕消息"贩子都是一些"瞎蒙者"。他们连一流经纪公司拥有的优势都没有,他们远离获取"内幕消息"的渠道,就像他们远离通向天堂的金光大道一样。

纽约市没能出现一个有充分魄力摧毁信息贩卖这个行当并把违法分子绳之以法的地方监察官,实在是一大憾事。

第二种信息贩子多少有点不同。信息贩卖机构(所谓的"新闻社")肯定不同于那两家向华尔街提供新闻的通讯社①。关于这些信息贩卖机构,我们能说的最宽容的话就是,它们总能尽自己所能;也就是说,如果它们的业主通过自己的勤勉先于别人获得了股市操纵信息,那么总能及时告知自己的订户。有时,它们受雇于股市操纵者,通过散布"看跌消息"和"看涨消息"来促使某些股票价格"大幅波动",以便竭尽全力、随心所欲地欺骗它们的订户。因此,我们可以在不用担心遭到反驳的情况下肯定地说,这样的信息由于都是一些一般的股市信息,因此对于购买它们的人来说是非常危险的。

有一个成功的经纪人一次看到自己的一个客户在看一份信息贩子兜售的股市行情简报,便问他说:"你为什么看这种东西?你难道不知道,如果一直跟着这个家伙做,哪怕有英格兰银行的资金支持,迟早也会赔个精光?"

有一个犹太信息贩子招徕到了一大批追随者。一次,他是这样解释他的生意和追随者的:"我与股市之间的关系就如同医生与病人之间的关系。我和医生一样进行诊断,换句话说,我用自己积累了20年的投机经验和知识研究市场并做出自己的判断。只要可能,我就会千方百计地搜集信息。我仔细观察市场价格波动和成交量变化情况,并且会做出相应调整。我从早到晚坐在办公室里研究市场动向。的确,我几乎总是看好市场,我的所有订户都看好市场。我不能不顾他们而自行其是。我从不预测下跌,除非我们处在恐慌或者崩盘的边缘。如果我认为某只股票要跌,我就会建议我的客户及时套现获利。这样的建议很容易接受。我很少建议'卖空',因为经验告诉我,我的客户不会接受。我总是表现得信心十足——甚至在心存疑虑时比在十分确定时表现得更有信心。干我们这一行的,只有满怀信心才能成功。玩这种游戏的人必须有人引领,他们希望有人告诉他们该做什么。他们明白他们自己的判断不可靠。在'牛市'中跟着我做,比他们中很多人自己能做的要好。我也经常失误?没错。不过,我总是把我的客户们的注意力引向我提供的取得成功的消息,从而使他们忽视我的判断失误。如果有人想投机,那么就应该放手让他们去做。如果有人想买进,而且就想买某只股票,那么就建议他买那只他希望别人建议他买的股票。他买了那只股票即使赔了也会忘记这件事,并且不会记恨给他出主意的人。但是,如果你劝他不要冒险买他一心想买的股票,而市场走势又证明他的观点是对的,那么他绝对不会原谅你。在大多数情况下,他会责怪你使他少赚了那么多钱。股票投机者队伍是不断在变化的,今天的新手就是明天的老手,今年'大赚',明年说

---

① 道琼斯公司通讯社和纽约通讯社。

第二十六章 信息贩子

不定就'破产'。我们能做的最多就是,只要他们还留在股市,就让他们心存希望,并且设法刺激他们去追逐他们向往的金钱。"

这个得意扬扬地发表上述言论的骗子就靠兜售他的股评材料,每年大约能够进账22 000美元。有人发现购买这些信息贩子的产品,并不能证明他们的聪明。华尔街并不待见这些买主,而是为他们感到耻辱,并且只要可能,就会打击贩卖信息的行径。

第二十七章

投机结论

第二十七章 投机结论

一个研究投机的严谨"学者"[1]在研究了我国各交易所开展的各种投机业务之后,得出了以下结论。他表示,这些结论可作为"一般法则"应用于投机实践。他把自己总结的结论分为两类,即绝对法则和条件法则。

绝对法则:切勿过度交易。过度交易(超出资金允许的合理范围建仓)无异于自寻灾难。建仓过大,市场一旦出现波动,就会导致交易者失去信心,而他们的判断就会变得毫无价值。

第一,绝不做"折返交易",也就是绝不完全并立刻反向建仓。譬如说,在持有多仓时,就不要平仓并立刻构建同样多筹码的空仓。反向建仓交易有时也能取得成功,但风险很大。因为,如果市场再度开始上行,投机者就可能倒做原来的操作,即"平仓"并构建"多仓"。如果这最后一次改仓失误,那么就会彻底丧失斗志。对原始仓位的更改应该适度、谨慎,因此,一定要保持明确的判断和平稳的心态。

第二,"快速行动"或者"静观其变",也就是说,一旦觉察到危险,就应该迅速采取行动;但是,如果别人先觉察到危险并且已经部分平仓,那么就耐心等待,静观其变。

第三,另一条法则是,心存疑虑就应减仓。也就是说,无论是对已建仓位感到不满还是因仓位太大而感到不满,都应该减少仓位。曾有一个投机者告诉他的朋友说,不平仓他是睡不好觉的。他的朋友直截了当地回答他说:"那么就把仓位减少到你能睡着觉为止!"

条件法则:条件法则就是投机者可根据自己所处的环境以及自己的个性、特点和嗜好进行修正的法则。

第一,最好是"买涨[2]不买跌"。这条法则有悖于通常人们持有和执行的观点。通常的做法是先部分买进,等价格下跌后再回补,这样就能摊低平均持股成本。其实,这种操作方法很可能(十有八九)引发市场回调从而阻止亏损,但也有 1/5 的机会遇到市场持续下行,投机者就会不知所措,平仓认赔——但亏损有可能大到足以令投机者丧失信心,常常是彻底崩溃。

---

[1] 《金融档案》。
[2] 即金字塔式交易。

但是,"买涨"是与以上介绍的方法正好相反的做法。也就是先适度买进,然后随着市场的上行缓慢、谨慎地加仓,直到市场回调为止。这种投机方式需要极大的小心和谨慎,因为市场往往(可能十有八九)回调到"平均持股成本"点。危险可能就潜伏在这个点位上,如果在这个点位上不能平仓,就会葬送整个交易的安全性。有时(很可能十有八九),大盘持续上行,买涨者就可获得巨大利润。这样操作初始风险小,在持股期间的任何时候都不会出现很大的危险,而一旦取得成功利润就很大。只有在预期相关股票会大幅上涨或者下跌时才应该采用这种操作方法;如果手头有适度的资金,操作起来就比较安全。

第二,"买跌"需要较多的资金和良好的心理素质,而且有可能导致严重的损失,常常会超过既有资金又有心理素质的人的承受能力。心理素质越好,坚持的时间可能越长,因此,损失有可能就越大。不管怎样,有一类成功的操盘手,他们"买跌"并且能够坚持,不过,他们的交易规模相对较小。他们在谨慎入市后就坚决长期持有,而且不会受股价波动的干扰。他们判断力强,在经济不景气时买进并一直持仓到经济普遍复苏。不过,他们更像是投资一族,而不是投机客。

第三,在一般情况下,笔者建议一次买进的数量应该在资金允许的范围内,并且根据自己的判断割肉斩仓或者获利平仓。操作的原则就是"跌则止损,涨则趋利"。如果能赚得小利,就应该接受小亏。没有勇气认输,太想赢钱,这可是股票投机之大忌。

第四,民意不可忽视。目前有一股强劲的投机潮流以不可阻挡之势袭来,投机者应该予以密切关注,应对原则就是对待民意舆情既要谨慎又要大胆。不顾大盘趋势就轻举妄动,是危险之举。大盘随时可能发生逆转并弃你而去。每个投机者都知道追捧者过多的危险。但在逆势而上时也必须谨慎,而且应该持续到市场出现震荡——丧失信心——为止。这时,应该有充分的资金和胆量优势大胆地与大盘抗衡。市场也有脉动,操盘手应该像医生给病人号脉那样把握市场的波动。市场波动应该成为指导投机者何时和如何采取行动的指南。

第五,在市道清淡、疲软时就应该卖出股票。清淡、疲软的市道通常会发展为跌市。但是,当市场经历了平静、疲软以后就会出现活跃、下行的趋势,然后又会进一步恶化为半恐慌甚至恐慌。这时就应该大量买进。反之,当市场由清淡但坚挺转变为活跃、强势,然后又变成亢奋时,就应该坚决卖出。

第二十七章 投机结论

第六，在形成对市场的看法的过程中不应该忽视意外因素。有一种关于葬送或改变最周密部署概率的理论——拿破仑在进行战役部署时总会给意外因素留有一定的余地，周密的部署必须能够事先考虑到不可预测的意外因素。"人类真正面临的考验就体现在对意外因素的防范上"。应该根据一般信息(即国家形势、农作物收成、制造业状况等)，而不是依据特殊信息采取行动(不会有那么多的误导)。统计数据虽然重要，但必须把它放在从属于对总体形势比较全面的看法的位置上，不能只盯住统计数据这些蹩脚的行动指南。坎宁(Canning)曾经说过："除了数字以外，没有像事实这样靠不住的东西。""如有疑虑，不要行动。"信心不足，切勿入市；等到信心满怀时，再入市也不迟。

第七，笔者写这章的主要目的是让读者明白，笔者觉得一切投机活动的基础就在于坚持以下基本原则：始终保持清醒的头脑、可以信赖的判断力；因此应该保留一定的储备力量，以便在关键时刻需要我们孤注一掷时进行最后一搏。

第二十八章

成功的投机者与失败的投机者

第二十八章　成功的投机者与失败的投机者

股票投机者也许可分为两大类，即成功和失败。与投机者总人数相比，成功的投机者只占极少数，查阅任何一个经纪人的账簿都能证明这一点。即使在牛市这种外部投机者能够随意交易的唯一市场行情中，做多的投机者也可能赔钱。

投机者几乎都是业余交易者，他们满怀信心地进入股市，初尝甜头后就把谨慎抛到了脑后，结果都免不了失败。除了碰上特殊的运气外，成功的投机者是靠时间历练出来的。虽然简单的买进和卖出操作本身极其容易，但是，股票投机的知识只能通过实践来掌握。有一个55岁的证券交易所经纪人，他已经在股市经历过三次大起大落，退休后还想靠自己的一技之长谋生。有一次，他谈到股票投机时表示："我们往往应该在开始赚钱时就放弃自己的生意。"这个经纪人早在范德比尔特（Vanderbilt）和古尔德等人在股市呼风唤雨时期就初尝胜果，但后来就连连遭遇失败。1896～1902年，他的业绩也只能算平平。就在他退休前不久，他表示："在他年轻的时候，市道就已经变了。现在有一个很大的问题：随着我逐渐老去，我发现自己已经没有年轻时的魄力，年轻人有我所缺少的胆量和活力。我喜欢作为交易员在市场上交易的那种感觉，只要市场波动幅度够大，我就能在任何行情中赚钱。可惜，我对大势的判断可能不再可靠，但今天我还能像15年或者25年前一样识别那些正确判断市场的人。我觉得自己太喜欢用过去的老标准来衡量结果。换句话说，我已经落后于时代。"

一个才35岁的犹太投机者在一次股市投机讨论会上发言说："我是从做干货生意起家的，我还记得当时有一个干货商因为做股票投机而被他的朋友和债权人看作一个不靠谱的人。当时，他是个另类；而今天，不做股票投机生意的商人才会被视为另类。工业股上市交易无疑与这种变化有很大的关系。我认为，那些没有股票投机经验、揣着大笔资金来华尔街的人迟早要破产或者发疯，甚至既破产又发疯。华尔街绝对不是一个有钱人该来的地方。只有那些认为自己是不按常规出牌但对股票投机这一行有正确态度的人，才会满足于拿很少的钱来华尔街冒险，以便确定自己有没有成为投机者的气质和成功判断市场走势的推理能力。"

由上可见，成功的投机者应该掌握通过实践积累的知识，这个条件就意味着，成功的投机者必须经历一个实习赔钱期。用那个退休经纪人的观点来判断，一个人可以积累太多的经验,这种经验对于他作为交易员谋生来说可是一个优势条件;而从那个犹太人的观点来看,投机者必须经历成功和失败的大起大落,才能认为自己不再是新手。

但是,这并不必然就是说,凡是经验丰富的华尔街人都是成功的投机者。情况恰恰相反。很多非常成功的经纪人从来没有做过股票投机,因为经验告诉他们,他们缺少为取得投机成功所必需的心理素质。证券交易所的其他会员公司在其合伙协议中规定,任何合伙人不得做投机交易。同样真实的是,那些分析大盘走势头头是道的财经评论员也成不了成功的投机者,因为他们几乎都没有做投机的资金。如果他们对市场的判断可靠、准确得像他们能让读者看过他们的文章就相信的那样,那么他们就没有理由自己不实际成为百万富翁。说来奇怪,财经新闻界还没有出过一个百万富翁级的股票投机者。

因此,我们几乎可以合理地认为,业余投机者在积累一定的实践经验以前是不可能冒险取得成功的,而积累这方面的经验想必是要付出一定的经济代价的。对于新手来说,刚开始时把投机金额降低到最低限度,无疑是一种明智之举。如果想做100股的交易,那么第一次做投机冒险应该把交易量减少到10股。这样,他们就可以用本来一次冒险100股需要付出的代价对自己分析和判断股市走势的能力进行10次检验。毫无疑问,导致股票投机失败的一个重要原因就是毫无保留地用小额保证金进行交易,初尝甜头就不断扩大交易规模,直到股价严重下挫转盈为亏为止。

常常听到有人说,华尔街——股票市场——是理性的,"到头来总是理性胜出"。这句话的意思就是,股票价格在经历了长时间的波动以后会趋近于其实际货币收益的价值。股票的价值最终决定股票的价格。股票的价值通常难以确定,但铁路股的价值要比工业股容易确定。股票的价值越是不明朗,价格波动就越剧烈,投机者——尤其是做保证金交易的投机者——面临的风险也就越大。

一些喜好对原理刨根问底的读者也许会问:投机者是否能够通过已知的推导方式总结出可靠、明确的规律性东西?毫无疑问,只要是逻辑思维正常并能分析价格波动支配因素的人,都要比最常见的那类所谓的"瞎蒙者"拥有更大的优势。但是,成功的投机者必须不但要基于已经发生的事件进行逻辑推理,而且还要预测未来事件可能会造成的结果。有时,投机者的逻辑推理也许是正确的。即便如此,他们的投机也仍要受到"意外事件"的影响,就是这些意外事件导致不少不幸的机会接受者遭遇了"滑铁卢"。

如果"归纳推理的依据就是人类思维的以下这种自然倾向:凡是对于很多个体正确

的东西,就对于他们所属的整个群体也同样是正确的",习惯用这么简单的归纳推理方式思考问题的人就不可能成为成功的投机者。可惜,大多数投机者都属于这类人。他们会草率地做出结论,经不起更加深入的推理的检验。

但是,如果投机者进行演绎推理,并且认为"凡是证明对整个群体合理的东西,就可用来证明对这个群体中的每个个体都是合理的",就会发现,自己与很多同类一样会输得很惨。

我们既不能采用"论证性"推理方式,也不能采用"或然性"推理方式来正确判断股市走势。其实,投机者有时会提出一些前提条件,然后根据这些前提条件推导出正确的结论,那是因为,碰巧这些前提条件都是一些"数学式或者不证自明的公理或者真理"。

在股市交易的实践操作过程中,前提条件是,根据也许可被称为"或然真理"的公告和观点提出。这些公告和观点被假定是正确的并且有人相信。然而,采用所有这些三段推论法推导出来的结论同它们的前提条件一样,只能算是"或然真理",因此,"概率"因子会变得非常重要。成功的投机者最多也只能正确评判作为"或然真理"的华尔街公告,而且就这也要等到他们掌握了股市操纵者和投机者们的情况以后。股票投机者大多根据一些"不严谨的推理"或者大胆猜测进行冒险。因此,他们不但要与自己荒谬的推理倾向,而且还要跟股票操纵者和上市公司的谬论做斗争。经常听人说起"直观判断力"很强的投机者。对于他们,市场将发生变化的看法会变成一种冲动,而冲动立刻就会变成冒险行动。他们对投机的看法就是"谁犹豫谁赔钱"。其实,真正具有股市直观判断力的交易者屈指可数。

"推理是以直接的直观判断为终极依据的",而一般股票投机者的成败必然取决于他们自己做出的判断正确与否。他们应该对自己的推理能力进行很好的平衡和调整,并且能够精明地对"人、物(钱财)、事"做出判断。凭借自己的经验做出的推理无疑具有最永久的价值,并且也是直接证据。但事实上,投机者一般都根据"间接证据"做交易,根据间接证据来总结规律,因此极可能导致推理过程缺少某些环节。此外,投机者还必须进行类比推理,这样就极有可能发现自己与其他投机者一样,在难以做出判断时希望别人替自己来完成推理。

股票市场上的交易者与其他市场上的交易者一样,都喜欢跟着领头人进行交易。他们会不顾一切地听信别人的意见、道听途说和荒谬的谣言去冒险碰运气。他们像羊群一样容易受到惊吓,而且轻信到了愚蠢的地步。有些人平时对自己和家人节约到了吝啬的地步,但在做投机交易时却一掷千金,有去无回;而另一些人平时打理日常生意很有头脑,但一遇上"不劳而获"的"机会"就会丧失理性思维能力。

有一名富商在做股票投机赔了钱后表示:"如果我能以平时做生意的平常心对待股票投机盈亏,那么就能在华尔街发迹。可惜,我做不到,我太贪心。这可是几乎每一个做股票投机的人都有的通病。"

有一名成功的股票投机者声称:"如果我能保持自信心,那么就能把股票投机做得更好。早上来华尔街时总暗下决心好好执行某个行动计划,但每次都因根据即时判断操作而偏离计划甚远。其实,合理的判断还是每次我都应该采纳的那个。"

还有一种投机者先是根据每天的股市行情进行虚拟操作,然后再进行实盘操作,倒也总能取得成功。他们总是对自己的朋友们说应该怎么做,还告诉他们说"如果他们根据他的'判断'做,他们可以做些什么"。笔者曾遇到过这么一名投机者,他就是想用市场来检验他自己的判断,然后再实盘操作。不用说,他对"模拟操作"和"实盘操作"是不加区分的。不过,有一点他肯定很清楚,那就是钱装在自己的口袋里是一回事,投到股市里赌一只股票的涨跌又完全是另一回事。把钱投入股市后会受赌博投机欲望的支配,会受到"消息"制造者们编造的"消息"的迷惑,因此会变得缺乏耐心,先是变得胆大,之后又变得胆怯,会受到新的烦恼的困扰,并且还会受到一种他在"纸上谈兵"并且"赚钱"时完全陌生的情感冲突的煎熬。优秀的荐股人可能是非常蹩脚的投机者,这种例子比比皆是。凡是想下海做股票投机的人,都应该认真研究投机心理学。

无论是赌马还是赌牌,下注的决定几乎都是在瞬间做出的,或者说最多也就需要那么几分钟。这种关系到输赢的决策所造成的精神紧张和烦恼不会持续很长时间。在股票投机中,这种交易的持续时间可能是几个星期,也可能是几个月。这种会引发烦恼并影响判断能力的不确定性和悬念因素会始终因投机者的性格和本金而起伏不定。投机者可能是个"输得起的汉子",也可能是个"输不起的主儿";投机者可能是个有钱人,能够在判断力没有受到损害时承受得起损失;也可能相对较穷,因判断失误而把战线铺得太开。我们在这里谈到了投机这个命题的关键——从事股票投机需要有精准的判断力支撑;在交易过程中,悬念可能意外地持续很长时间,或者增加保证金的可能性受到了极度的考验,或者正在投机者快要失去信心时又雪上加霜,出现了某个意外的负面影响因素。

"失去信心"是华尔街人常说的口头禅。投机者也许对大盘走势判断正确,但就在快

第二十八章 成功的投机者与失败的投机者

要大功告成的前一周甚至前一天失去了信心。但是，正因为他们"临阵"失去了信心，所以只能失败而退，而且很可能还赔了钱。"失去信心"在职业投机者中间也十分常见，但对于业余投机者更是家常便饭，而且有可能伴随着一种更加糟糕的症状——丧失行动能力——导致当事人犹豫不决、优柔寡断、反复无常、异想天开。笔者认识一些经验丰富的成功投机者，根据我对他们的观察发现，他们在听信了一个说话不负责任的记者说的话——"经历一个短暂的困难时期后股市有可能崩盘"——以后就失去了信心，于是就抛掉了手中的全部筹码。

此外，笔者还见过，大盘上扬时，经纪公司营业厅里挤满了眉飞色舞、滔滔不绝地谈论着股市的小投机者；后来在大盘小幅下跌时，同一营业厅里却挤满了愁眉不展、闷闷不乐的投机者。在股市下跌时，或者直言不讳地说，在"熊市"期间，同一家经纪公司的营业厅里一片寂静，投机者都失去了信心，甚至到了这家公司无法劝住客户不要抛掉不必舍弃的股票的地步。然而，大盘出现的这次短暂下跌可能只是一次自然回调而已。

有一家很大的证券经纪公司，客户每年都要亏损好几十万美元。这家公司的经理表示："我也不想看到他们赔钱。但是，即便他们不在这里赔钱也会把钱赔到别处去的。这可是我唯一熟悉了解的行当，我在这个行当里既赚过大钱也没少赔。现在，我虽然还年轻(42岁)，但只要有人每年给我5 000美元的年薪，我很愿意洗手不干。我做不做股票投机？当然不做。我可不想过饭不香、夜不眠的生活，而只想过吃得饱、睡得香的安稳日子。我的朋友们觉得我很聪明。的确，我还算得上聪明，但还是比不上大多数投机者，尽管有时我的判断比他们正确。在股票投机中，无私的建议比他们自己的判断好使。是的，股票投机者当然多半会赔钱。他们大多不能领会这种游戏最简单的基本原理，如甘吃小亏。在这种交易中，投机者不再是他们正常的自我。现在，我来说说做保证金交易的投机者，他们抱着赌博的心态进行投机交易，受激情和刺激因素的支配，譬如说无法控制自己的情绪。而我，即使在恐慌时期也能保持冷静，甚至无动于衷，因为我没有拿自己的钱去冒险。我必须努力保证我的公司不赔钱，我们必须牺牲有实力的赌徒——不是因为我们愿意这样做，而是因为我们不得不这么做。我想，那些身处重压之下的成功投机者也应该有我这样的自控能力。据我所知，只有很少的投机者能在持续赔钱并可能面临严重亏损甚至破产威胁时仍能表里如一地保持冷静。我得承认，我自己没有这样的自控能力，可这也是我没有赔钱的原因。

"一般投机者往往是在股票表现'坚挺'时买进,而在股票表现'疲软'时卖出。这可是一条他们恪守的一般原则,但也反映了一种谬误推理。无论是在牛市还是熊市,股票总是在波动,价格也会涨跌。因此,一只股票从表面上看表现非常"坚挺"时,实际上是处在非常"疲软"的时候。所以,此后就应该像所谓的内部人那样因出现某个回调而卖出。当外部人买盘最多的时候,随后股价常常就会下跌;而在熊市中,情况正好相反。"

其实,在平时的市场中,经纪人就已经观察到有一种强有力的心理因素支配着投机者的交易行为:在阴雨天尤其是暴风雨这样的恶劣天气里,他们不会自信、毫无拘束地进行交易;而在风和日丽的日子里,由于心情愉悦、态度乐观,他们就会自信,没有拘束。一般的股票投机者都比较乐观,而且常常情绪高涨。他们是股市中的积极因素,常常会看好股市。他们也很容易受到影响——可能是受到天气或者流言蜚语的影响,而导致其失败的原因常常是他们自己的性格缺陷。只有其经纪人清楚这一点,而他们自己全然不知。

一般投机者对自己的判断力都十分自信,他们非常自我,是爱慕虚荣、自命不凡的那种人,并且会高估自己的聪明才智。通过对数百名投机者的研究,笔者发现业余投机者在听从经纪人的建议或者劝告投机赚了钱以后,就会毫不犹豫、心安理得地赞美自己有卓越的判断力。而如果投机赔了钱,他们也会毫不犹豫地指责经纪人判断失误。他们总是不愿承认,赔钱有可能是由他们自己的失误造成的。事实上,他们总是高估自己的判断力,以至于在寻找投机失败的原因时,每每都是最后想到把失败归咎于自己的错误方法或者有问题的判断能力。可以说,每个阅历丰富的经纪人都碰到过这种业余投机者。

造成这种自命不凡的原因很可能就在于,一般投资者连小亏都不甘接受。现在,一般投机者通常都能取得1%~3%的盈利、接受5%~10%的亏损。投机者完成100股的整笔交易(买卖一个来回)要支付0.25%的佣金和利息——譬如说0.125%以上——或者总共0.375%的费用,因此必须有1%的收益,也就是至少要进行4次交易才能实现1%~3%的盈利。对于一般投机者来说,这是一个不利因素,而且是一个严重的不利因素。但显而易见,投机者并不是这样来考虑可能遭遇的损失的。如果因此而根据交易者接受小收益、大亏损的倾向来计算的话,那么就应该立刻承认,业余投机者根据自己的"原始"判断进行交易,就等于是站在流沙上,根基很不稳定。

投机者(譬如说)用10%的保证金购买股票。如果买进的股票上涨1.5个百分点,就很可能会卖掉股票套现获利。如果股票下跌了1.5个点,他们虽然心里多少会犯嘀咕,但仍希望自己没有判断错,并继续持有股票。如果股价继续下跌,那么他们就会变得更加疑虑重重。但是,由于这时损失已经变得很大,于是他们就像好斗分子那样赌气绝不认输,而是继续"持有"。如果股价进一步下跌,那么他们就会变得(用他们自己的话来说)非常"固执"。他们"确信"自己"没有做错",并且决心要看个"究竟"。但最后,他们还是可能因为经纪人劝他抛掉或者催他追加保证金而平仓了结交易。

成功的投机者必须每完成 4 笔交易能有 1% 的收益才能够本,并且必须采取与新手常用的"赔大赚小"操作完全相反的方法。如果投机者在检验了自己的能力后发现自己不可能实现预期收益,那么就应该放弃股票投机,改做其他生意,因为他们没有能力通过股票投机来为自己赚钱。

笔者曾听说,而且不止一次,有两个投机者采用以下这种方式,通过经纪公司来进行股票交易:他们俩一个在某个价位上买进一定数量的某只股票,而另一个则在相同价位上卖空相同数量的同一只股票,但结果两人都赔了钱。下面,我们举例来说明其中的原因。甲在 124.875 美元的价位上买进 100 股美国制糖公司的股票,而乙也在这个价位上卖空 100 股这只股票;这时,这只股票的价格正处在高位。第二天,"美国制糖"价格跌到了 123 美元。在这个价位上,甲变得紧张不安,于是卖掉了手中的股票,因此亏了 187.50 美元外加 1 天的利息。乙却正为自己的卓越判断力和先见之明洋洋得意,心里虽想了结这笔交易就能稳赚 1% 的盈利,但盈利使他变得胆大。于是,他改变了自己的操作计划,并且决定继续持有手中的空仓。2 天以后,"美国制糖"不但收复了之前的失地,而且涨到了 128.50 美元。在这个价位上。卖空 100 股"美国制糖"就要亏损 362.50 美元。可见,业余投机者的判断也就不过如此。

此外,还应该注意被操纵股票容易发生的砸盘。砸盘的目的可能就是要把保证金交易者封杀出局,以便在股价重新上涨时逼出他们手中的筹码。保证金交易者开始会静观股价下跌,但随着一次大跌迎面扑来,最后会平仓出局。这时会出现太多的"跟风者",因为其他处于相同窘态的投机者也会做完全相同的事情——割肉斩仓,而这恰恰就是股票操纵者玩弄砸盘想要达到的目的。操纵者在弄到了他们想要的那只股票的筹码以后就会重新操纵股价上涨,而那些割肉斩仓的投机者事后则会放马后炮说:"看看,我对你说过吧。我知道我对这只股票的判断绝对正确。我难道没有说过,这只股票不涨到……不要卖?我为什么就是不相信自己是正确的呢?就是我实在太背运。只要再坚持那么一会儿，就能挺到股价止跌。这样，我就全对了。"这仍然是一些错觉。其实，在相同的条件下，市场上还有很多其他交易者在买进和卖出。在这只股票被全部或者几乎全部清仓抛售前，股价还会持续下跌。保证金投机者的买盘会导致股价操纵性下跌，他们势必会在股价重新上涨前被迫斩仓；而他们的卖盘则会引发股价反弹，或者至少是股价反弹的一个先决条件。他们在"顶部"买进有助于股价操纵者检验股价上涨的潜力，并且会助推有利于股票操纵者的股价下跌。可是，根据他们自己的推理，他们不可能把自己视为一个促进股价下跌并有助于后续回升的因素。换句话说，他们的判断完全就错了。因此，他们建仓并调整仓位的结局当然不会好。他们如此自以为是甚至自欺欺人，因此，股票操纵者几乎不用花言巧语就能为这场金钱争夺战增添迷惑力和魔力。

整天在某家经纪公司的营业厅观察股市行情，听股民们发表对市场的看法和进行这样或那样操作的理由，也许就能明白怪不得有那么多人在股市赔了那么多钱。"靠猜炒股"的人、"因对某只股票有想法而炒它"的人、"想在股市赚点小钱"的人、"有内幕消息"的人，多半会在股市赔钱。他们都有投机狂热，而且在染上这种病以后就既没工夫又无心思采用由常理主导的推理方法。

"请在150美元的价位上给我买进100股'大都会'。"一个客户对他的经纪人说。

100股"大都会"需要15 000美元的现金买进，而100股这只股票的面值总共只有1 000美元，因此股价可能会大幅波动。

"你为什么要买进这只股票？"经纪人问这个客户。

"我的朋友史密斯告诉我这只股票马上要涨。"

"史密斯是谁呀？"

"哦，我的一个邻居。他听琼斯说这是只好股。琼斯的堂兄是这家公司的经理。"

这个股民会在没有认真调查研究"大都会"经营状况和结果、是盈是亏以及现状和前景的情况下，就把15 000美元（买进1 000美元面值的股票）投入他自己的企业（商业）吗？肯定不会。史密斯和琼斯对他做这笔交易产生了影响？肯定没有。但是，每年就有成千上万的股民无缘无故地去股市冒险。

因此，只要关系到股票投机，就应该好好问问自己，是否具备到世界上最能吸金的行业打拼所必需的气质以及准确、迅速做出判断的能力。如果你具备这一切，那么你就会发现，华尔街几乎没有一天不在为你提供施展才能赚钱的机会。

第二十九章

一个值得关注的问题

第二十九章　一个值得关注的问题

有一名读者来信要求我们详细解释"大空头""逼空仓""股票融券抵押金利率"等术语的含义。

这名读者会提出这样的要求，说明他对卖空原理缺乏了解。提这个要求的读者是一名银行从业人员，因此，笔者以为其他读者可能对如何实际进行买跌操作也感兴趣。目前采用的买跌操作方式是一种新发明，它是在"买方期权"和"卖方期权"等方法之后出现的。买方期权是指买方从签约之日起在未来某些约定的日期里按约定价格买进一定数量指定股票的权利，而卖方期权则是指卖方从签约之日起在未来某些约定的日期里按约定价格卖出一定数量指定股票的权利。不过，这种买方期权和卖方期权操作起来十分麻烦，纽约证券交易所现在已经停止使用，只有在难以借到股票时才有人偶尔使用。

在买涨操作中，买卖双方就能完成交易：卖方把股票交付给买方并收进价款，交易就告结束。

纽约证券交易所现在已经准许进行买跌交易，这种交易需要三方才能完成。让我们假设人民煤气(People's Gas)这只股票现在正以面值出售。某甲虽然手中没有人民煤气的股票，但相信这只股票价格会跌。因此，他发出按面值卖空100股人民煤气的要约，某乙接受他发出的要约买进100股人民煤气。甲随即就去找手中持有人民煤气股票的某丙借进100股人民煤气，然后把这100股人民煤气交付给乙，而乙付给甲10 000美元购买100股人民煤气的价款。于是，这笔交易涉及甲和乙的部分就此结束。但是，甲为了获得丙持有的100股人民煤气的使用权必须交付丙10 000美元作为借股抵押金。随着时间的流逝，我们假设人民煤气下跌到了95美元。于是，甲在95美元的价位上从某丁那里买进100股人民煤气，并且从丁那里取得股票还给先前贷出股票的丙，再从丙那里要回10 000美元的借股抵押金。这样，甲因做这笔从乙开始的买跌交易而赚到了500美元。

在做这笔买跌交易之前，也许应该事先考虑许多问题。例如，甲肯定能从丙那里借到股票吗？如果丙有这只股票，而且一直持有这只股票，那么就一定愿意贷出自己的股票，因为这样做只有很小的风险，还因为丙能获得甲的抵押金使用权，而且是按比银行贷款利率低的利率获得。此外，如果丙从他自己的开户银行借入10 000美元，那么就必须提供价值大约 12 000 美元的抵押物；而通过把自己的股票借给甲，实际上是只用价值 10 000美元的抵押品从甲那里获得了 10 000 美元的贷款。

股票借贷是一种非常普遍的做法，借股票就像向银行借钱一样是整笔买跌交易的一个组成部分。经纪公司的客户在借股方面不会遇到任何麻烦或者困难。他们甚至只需下达卖出指令，把所需的抵押金打入自己的账户。接下来，他们的经纪人就会与他们的同行谈妥借股事宜。

如果大家同时看跌某只股票，那么很多人会同时卖空这只股票。在这种情况下，借股需求会大于现有的股票供给，而借股抵押金收取的利息就会减少。也就是说，在上例中，甲交给丙 10 000 美元的抵押金，由于他急需股票，因此没有向丙收取很高的利息。假设在上例中借股抵押金利率是 4%，正常情况下可能是 3.5%。但如果借股需求很大，股票贷出方可能只需为收到的抵押金支付 2%甚或更少的利息。

如果借股需求继续增大，那么就会出现所谓的"无息贷出"，其实应该说"收取借股抵押金不用支付利息"；或者说，如果借股需求继续增加，那么甲或许不收利息就把10 000 美元交给丙使用，但也可能是为了获得股票的使用权还得另外付给丙一笔双方谈定的费用，这笔费用叫"额外费用"。每天的额外费用一般在 1/256～1%，有时可能会更多——后一种情况当然只会出现在非常特殊时期。每天 1/16%的额外费用已经算很高了，这种情况常常出现在熊市。如果股票贷出方要收取 1/16%的额外费用，那么在我们的例子中，甲不仅要把自己的资金无息交给丙使用，而且还要为获得 100 股股票的使用权每天支付 6.25 美元的额外费用。经纪人当然要把这笔额外费用算在卖空这只股票的客户账上。

一般来说，做空的交易费用要低于做多。从利息的角度看，买涨总是不利；而如果卖空的是不派息股票，那么就无须支付利息，除非空方要支付额外费用。有些经纪行允许自己的客户通过卖空收取部分利息。交易员也倾向于做空不做多，因为卖空不需要很多资金，而且借股需要的资金由买方提供。

所有这一切都已经解释了"逼空"的意思。如果很多人都在借股票，那么贷出股票的人就知道是哪些人在借股票，通常还能知道大致的借入数量。按规则，股票借入者可在任何一天归还借入的股票并取回自己的抵押金；而股票贷出者则也能在任何一天归还股票借入者的抵押金并收回自己的股票。如果发生后一种情况，那么股票借入者就必须另找别人借股票。

当市场刮起抛空风时,股票持有人就会发现自己的资产开始贬值。有时,他们随即会结盟在某天要回大部分自己借出去的股票。结果,借入者收到通知被要求归还股票,于是就去寻找其他可能借出股票的人,但由于股票供给不足而不得不购买股票交付。这种突如其来的买盘能够快速抬高股票价格,尤其是因为催还股票的多方通常会联手抬高报价。

这种市况会置空方于非常危险的境地,但逼空战通常不会持续很长时间或者导致股价大幅波动。确实也曾有过一场逼空战把一只股票的价格拉高 30~40 个百分点的情况,也有过不少逼空战一天把股价拉高十来个百分点的案例,但通常一场逼空战促使股价上涨的总幅度不会超过 4~5 个百分点,因为相关股票的持有人同其他任何人一样明白股票下跌的原因,而且会利用股价暂时上涨的机会抛掉手中的股票。所以,多方会向空方提供足够用于交付的股票,这种可能性使得空方仓位总是受到关注,因为逼空引发的股价上涨没有价值基础,而是基于交付股票的需要。

逼空是一种灾难性事件,但很少发生。逼空是指空方因过度自信而卖空某只股票,而且卖出的数量又比实际能获得的数量多,从而导致某些做空者无法获得要交付的股票;而多方因此而能够按照自己的意愿抬高股价。从理论上讲,空头绝对有可能在尾盘轧空中被彻底击败,但是,这样的事情在当今大盘股时代几乎已经不可能发生。纽约市场最近遭遇尾盘轧空的股票是北太平洋铁路(Northern Pacific)。逼空战通常会造成逼空战的发起人和对象(即空方)两败俱伤。市场主要引领者都清楚这一点,因此,他们在市场超买表明有可能发生逼空战时一再拒绝采取容忍态度。古尔德先生无疑在 1884 年发起过密苏里太平洋铁路(Missouri Pacific)公司股票的尾盘轧空,但绝对拒绝容忍任何持续很长时间的逼空战。

总的来说,空方并不会比多方面临更多的危险,但在卖空大盘股时应该小心,因为大盘股往往筹码比较分散,表现比较活跃。卖空散股难度相对要大一点,因为经纪人有时为了交付 20~30 股而不得不借入 100 股。但通常,这个问题找散股交易商就能毫不困难地得到解决。

整体而言,普通股民一般都排斥做空,部分股民排斥做空是因为不了解,而另一部分股民似乎出于本能厌恶买跌。即使在职业交易员中也有很多人本能地讨厌空头。但是,任何做股票交易的人都应该克服这种情绪,因为熊市持续时间通常要比牛市长。最近几年,交易者在每个十年里至少应该有一半时间做空。

有时,我们会听到有人说空头绝不可能赚大钱,但这条法则有不少例外。它之所以能够成为一条法则,是因为美国的总体发展状况倾向于鼓励全体国民即使在重组阶段也要坚持做多。未来继续这样做,可能在一定程度上也是正确的。但是,做多赔的钱远远多于做空赔的钱。在熊市期间,反对买跌操作是没有充分理由的。

――― 第三十章 ―――

股市操纵

第三十章　股市操纵

一个经验丰富的股市操纵者对创建"股票池"或者集合基金联手操纵股票的方法和"做市"过程做了如下描述：

"公平地说，在股票通常以很高的价格非常明显地体现自己的价值之前，一般股民几乎看不到它们的价值。经验表明，一般股民通常很难接受股票在价格较低时比较便宜的说法，而更倾向于认为股票在价格较高时比较便宜。譬如说，有一个操盘手或者一组操盘手认定某只股票卖便宜了——卖出价低于股票价值。在股市投机中所说的股票价值，是指股票内在价值、未来价值和额外交易价值的总和。大股东总是盯着其他大股东，公司的股权是按持有股票数量计算的，而发行在外掌握在散户手中的股票也完全可以估计。

"为了防止大股东抛售，首先必须采取的措施就是把已知的大股东持有的股票'蓄'在一个'池'里。如果不能把这些大股东挡在市场之外，那么就应该与他们联手朝着某个方向操纵股价，并且在行动之前制订一份长期、耐心的低价吸筹计划。这是一种在一定价格区间内操纵股票的方式，这种操纵方式可能还要借助于股市促使外部交易者斩仓割肉的自身条件。那些一心想买进某只股票的人常常会对这只股票发起持续的攻击，迫使其他持股人卖掉手中的股票。如果攻势足够大，甚至能够逼出很多内部人持有的股票。为了促成跌势，常常还会进行订单对敲，而联手操纵的集合基金真的会把股票卖给自己。大卖盘持续出现在交易大厅但就是没人接盘，结果经纪公司逐渐压低最低卖价，从而导致股票越卖越便宜。

"操纵股市的一个重要问题就是融资。操纵股市的集合基金很少能够凭借自己的财力完成整个操纵计划。股市操纵被认为最好在货币市场趋稳时进行，否则根本就不应考虑。当然，参加集合基金的大经纪行还会通过货币经纪人来融资，向银行举借大笔被称为'特别贷款'的定期贷款和短期通知贷款，而抵押物主要是被操纵的股票，这种贷款的利率和毛利都比较高。

"集合基金的'宣传部门'也必然经常接受采访并设法成为被报道对象。实际上，凡是重要股票池的操盘手都控制着这种附属机构为他们工作。影响被操纵股票的八卦消息必然会被做成印刷品散发，而这个'宣传部门'自然在一定程度上与此脱不了干系。如

161

果需要，它通常还负责与覆盖各重要城市的新闻渠道保持非常私密的关系。如果股票池的经理人觉得影响被操纵股票的消息和八卦做得不错，那么这个宣传部门的负责人因宣传工作做得好而能够收到不菲的酬金。股票池里的'内部人'对每条消息都守口如瓶，要等到他们认为合适的时候才允许散布消息。这么做的必要性显而易见，就是在需要的时候对外解释被操纵股票价格涨跌的原因。可以说是内部人与股票池掌握着消息，并且能够先于通过'宣传'渠道获得消息的人消化消息的影响，这也牵涉到华尔街津津乐道的道德问题。

"证券交易所的运行机制大同小异。交易者时不时向不同经纪人提交买单买进股票，有时小心谨慎、轻声细语地下单，有时大声张扬、咄咄逼人地竞购；提交卖单时也同样如此。很少有经纪人单独长时间地负责买单或者卖单。所有这些交易都由填单的经纪人来'了结'，也就是说，经纪人不会'报出'交易委托人的姓名，而是自己先收进或者交付股票，然后从委托人那里收进股票或者把股票交付给委托人。

"现在，市场条件有利于'交易'，发布利好消息也会引起散户的注意。因此，代表'散户'的证券公司经纪人开始接到很多打听那些被炒作变活跃的股票的电话。经纪人通常能很好地判断大盘走势，并且用毕生的精力在研究股票价值和观察操纵行为。所以，他们可以通过建议买进来帮助操纵行动。一般来说，他们的建议并不会收到很好的预期效果，也不会有很多客户根据他们的建议下单。但是，股票池还在继续运作，现在真的开始买进股票并且少量抛出。其中的一些交易实际执行，而有些交易则是通过对敲来完成，但就连经纪人都说不清哪些是实际执行的交易、哪些是对敲交易。但不管怎样，结果就是明显激发散户对某只股票的兴趣。有更多消息会流传出来，而操纵行动就逐渐成为人人都在谈论的话题。

"一旦具备了这种条件以后，被操纵的股票就会上涨几个百分点，而股票池开始考虑抛售。于是，宣传机器开足马力。第二天早市各经纪公司出现了对这只股票的大量需求。这时，开盘交易'活跃'在望。数以千计的卖单分散提交给很多经纪人，同时也有买单出现，但数量有限，目的是要在开盘时制造一种'卖盘出现就有人接'的氛围。'高开'的效果已经收到，卖盘净额足以保证股票池获得支持，而等股民隔夜下的单子都执行完以后，买盘又会卷土重来。随后股票池又会借助于对敲卖单来大量买进，而成交量会引起各方面的注意，并且导致散户众大量买进。

第三十章 股市操纵

"由于市况有利,于是散户的买盘成为主力,控制这只股票的走向,而股票池仅仅是在外部买盘减少时下一些单子支持这只股票的走势。散户买盘将会持续增加,一直到把股价拉高到超过股票价值因此股票池能够大量清仓的程度为止。这时,操纵行动已接近尾声,股票池开始清仓获利,不过还需要各种官方、半官方和'内部'宣传部门进行配合,发布一些关于不久的将来的消息——派发股息、债券转换、新的结盟行动、合并,而这些消息都会影响股票的价值。"

查尔斯·道在讨论"股市操纵"问题时表示:"广义地讲,交易所股票交易就是对股票供需的操作。但不管怎样,通常仍有较小一部分股票交易是由投资者完成的,而大部分是专业机构或人士完成的专业交易以及大投资机构为实现预期结果而进行的操纵。

"股票交易一般可分为专业机构完成的专业交易和普通股民完成的交易。这两种交易之间有一个很大的区别。专业交易包括那些把股票交易作为自己日常业务重要部分的人士进行的操纵和操作,而普通股民完成的交易包括投资业务以及半投资、半投机交易。专业操盘手一直不停在执行交易,而普通股民的交易变化不定,而且非常不确定。

"操纵者的大量买进或者卖出以及散户的谨慎投资,是股票市场上常见的两种极端情况。因此,股市操纵者总希望散户买进他们想卖出的股票或者卖出他们想买入的股票。大部分操纵行动是针对散户的,而职业交易员只不过是作为中间人设法从操纵者试图制造的行情中牟利而已。

"假设有一个财团发现自己在一笔价值1 000万美元的股票交易中赚到了利润,而这笔利润套现的途径就是卖掉这些股票。因此,这个财团就跟某个操盘高手签订了一项协议。根据这项协议,这个操盘高手负责诱使散户买进这只股票。于是,他开始考虑如何不惜余力地广泛宣传这只股票的特点和价值。

"操盘手非常在乎相关股票是否具有内在价值以及发行这只股票的公司是否可靠,但他们为诱使散户购买而采用的方法却大同小异。无论如何,他们要做的第一件事就是了解要操纵的股票,并且大肆谈论这只股票。要收到这个效果,方法就是请经纪人、投机者和枪手设法从交易记录中找一些能为这只股票造市的题材。

"在这个案例中,操盘手通常会告诉自己的朋友,这只股票将被炒火、价格将被炒高。此举会引起专业机构的注意,因为它们明白这个量级的大动作不可能不伴随着这只股票长时间的持续上涨,在这段时间里做这只股票相对比较安全。此外,操盘手当然清楚要让股民议论某只股票的最佳方法之一，就是让他们去告诉自己的亲朋好友，他们通过炒这只股票已经赚到了钱。因此，在这种操纵行动的早期阶段几乎总能冒最小风险赚到钱。

"操盘手必须保证被操作的股票保持交易活跃，每天有一两万股的成交量，这样才能确保交易者们相信万一出现什么状况想抛时肯定有人接盘。散户有一个特点，那就是买涨不买跌。因此，在大盘允许的情况下必须设法确保想卖的股票保持坚挺的走势和适度上涨。

"操纵力度越大，专业机构的交易量就越大，散户对这只股票感兴趣的可能性也就越大。在这样的案例中，起先散户的买盘通常很少。然后，他们会对这只股票较有信心，最后就变得非常有信心，于是纷纷快速买进。过后，这只股票的活跃程度逐渐下降，专业机构也逐渐减少交易。随着操纵行动逐渐接近尾声，散户有对自己的交易感到满意的，也有感到不满的。

"股票市场随时都会发生这种操纵事件，只是规模不同而已。总有一些大股东想通过操盘来使散户按他们的意图买进或卖出某只股票，而股票操纵总是按照这种明确的目的推进。大股东心里清楚，如果能够诱使散户大量买卖价值无可置疑的股票，那么通常就能把他们的注意力引向其他股票。因此，大股东在试图发起股票操纵行动时常常会采取措施促使三四只领头股上涨，采用这种方法来引诱公众入市。如果公众进入股市成为股民，那么股票需求就会增加。如果公众没有入市，那么操纵者就会在几天后停止做市，等待更加有利的时机。

"散户遵循的规则应该基本上就是专业交易员遵循的规则：一旦一只股票被炒火，他们就会先结合其价值来考虑这只股票。如果这只股票的价格低于其内在价值，那么只要这只股票保持活跃的表现，通常就可以做这只股票。但是，当这只股票表现不再活跃时，明智的做法一般是，卖掉这只股票。如果这只股票的价格明显高于价值，那么在买进这只股票时必须加倍小心，并且应该下止损单来防止股价严重下挫。

"一般来说，操纵新股是为了更好地发售。对于已经发行的股票，多头操纵通常是为了消化一些内部人知道的利好消息，而空头操纵则十有八九是为了消化利空因素，十有一二旨在为后续上涨积聚筹码。

"总的来说，空头操纵的前提就是要明确打算操纵的股票价格高于其内在价值。一般来说,在操纵行动结束并有迹象表明跟进者买跌建仓、股价反弹前买进被操纵股票,都不是明智之举。"

此外,在讨论股票操纵行动时,查尔斯·道先生还说过:

"股票市场上总是交替出现活跃期和休整期。活跃期通常始于股票操纵,并且在操纵和普通公众入市购买的混合作用下得以持续。专业交易员和散户通常都想跟在那些炒高某只或者某些股票价格的个人或者机构后面进行交易。

"股票操纵者与一般交易者之间的主要区别就在于:前者总是尽可能利用他们认为未来会出现的条件,他们相信银根、某只股票的价值变化或者其他什么因素会导致相关股票在 3 个月以后比现在更有价值。他们会悄悄地买进这只股票,然后根据情况或慢或快地拉升股票的价格,以期散户能够像他们起初预料的那样抛掉手中的股票。不过,散户是不是会这样做,将决定操纵行动能否成功。

"在大多数情况下,由大交易量支撑的持续很长时间的上涨行情,能够吸引很多外部买盘,足以帮助操纵者抛掉手中的大量股票。投机性股民总是买涨,并很少买跌;而投资性股民则不同,他们逢低买进并逢高卖出。华尔街一个操盘高手曾经说过,如果操盘大户愿意承担操盘费用(每份操盘计划平均可能要 25 万美元),那么任何股票只要有可炒作的价值和某些有影响的题材,通过市场运作就能拉高价格。

"这笔费用主要用于造市。纽约证券交易所的规定不允许甲叫乙从丙那里按某个价格买进股票,但并不禁止甲叫乙买进 10 000 股的某只股票,同时卖出 10 000 股的同一只股票。甲叫乙这样操作可能表明:有很多经纪人已经参与了这只股票的交易,他们想做多或者做空;总的来说,这种交易虽然从某种意义上说是人为的,但从任何人都有机会入市按照既有价格买卖股票这个意义上来说是合法的。

"对整个股市进行多头操纵的难度远远超过对一只股票进行多头操纵的难度,因为操纵股市需要炒作很多股票。不过,有时候可以邀请很多方面联手发起股市操纵计划,因此操作起来比较容易;有时,只需很少的资金刺激启动一只股票,就足以诱使其他相关股票活跃起来,从而触发活跃的投机交易。

"牛市大盘普涨,操纵者只要选择两三只蓝筹股,通过炒作让它们表现活跃起来,以便让市场注意到有人已经发起操纵行动。操纵者通常会选择头等股,因为这种股票会吸引大量的投资性买盘,而且在市场上流通的数量被认为不是很大。这就是圣保罗(St.

Paul)为什么经常被作为龙头股以及岩岛城(Rock Island)、西北铁路(Northwest)和其他这类股票经常在多头操纵一开始价格就被大幅度炒高的原因。

"在一些这个等级的股票价格被炒高5~10个百分点以后,考虑到散户通常不会购买价格已经大涨或者已经处在很高水平的股票,但会购买价格比较便宜(即便就其内在价值而言已经很贵)的股票,所以操纵者通常接下来会选择中等股炒作。在一些这个等级的股票价格被炒高几个百分点以后,习惯上会选择价格仍然较低的股票。很多年来,一般认为,当有操纵者炒作'伊利湖'这只股票时,就说明股价普涨行情已经接近尾声,因为'伊利湖'被视为价值接近于零的股票,而这只股票价格被炒高也被认为是大盘注意力分散的表现。这时,其他股票已经在被抛售。

"在一些持续很长时间的多头操纵行动中,操纵者在炒过低价股以后,有时会回过头来按照同样的顺序——先是高价股,然后是中等股,最后是价格最低的股票——挨个对各类股票再炒一遍。"

———— 第三十一章 ————

五次股市恐慌记述

第三十一章 五次股市恐慌记述

本章记述一些表现活跃的股票在 1873 年、1884 年、1893 年、1895 年和 1901 年 5 次股市恐慌期间出现的波动状况。表中的最高价是恐慌发生前不久出现的最高价：有些股票是恐慌前一交易日的最高价，另一些股票是恐慌前几个交易日的最高价；最低价是恐慌期间股价达到的最低点。反弹在恐慌 1 个星期内出现或者达到低点时出现，有些股票反弹出现在恐慌几天后，而另一些股票反弹则在恐慌近一周时出现。

习惯上，我们把 1873 年发生的那次恐慌看作一次非常严重的事件。这次恐慌非常严重，以至于纽约证券交易所不得不关门闭市。不过，除了湖滨(Lake Shore)和西部联合(Western Union)这两只股票外，其他股票的价格在恐慌期间只出现了小幅下跌。这次恐慌本身是此前已经持续 1 周的震荡市见顶的结果，到了星期六终于爆发。这次恐慌期间，有 9 只表现活跃的股票平均下跌了 10.32%。各股价格的具体跌幅如下表所示：

1873 年恐慌	最高价(美元)	最低价(美元)	跌幅(%)	反弹幅度(%)
纽约中央铁路	95	89	6	6
伊利湖	$56\frac{1}{8}$	$50\frac{3}{4}$	$5\frac{3}{8}$	$2\frac{3}{8}$
湖滨	88	68	20	11
沃巴什	50	$42\frac{1}{2}$	$7\frac{1}{2}$	$5\frac{1}{2}$
岩岛城	95	86	9	$10\frac{1}{4}$
圣保罗	$37\frac{1}{2}$	30	$7\frac{1}{2}$	$5\frac{1}{2}$
西部联合	76	$54\frac{1}{4}$	$21\frac{3}{4}$	$19\frac{1}{4}$

1884 年的那次恐慌导致了更大的股价波动幅度。从 5 月 13 日到 5 月 16 日，股价下跌了 8~15 个百分点。恐慌本身持续了 2 天，而 10 只股票价格的回涨幅度只相当于跌幅的 $\frac{5}{8}$ 左右。具体数据如下表所示：

1884年恐慌	最高价(美元)	最低价(美元)	跌幅(%)	反弹幅度(%)
湖滨	94	81	13	$8\frac{7}{8}$
岩岛城	$116\frac{1}{4}$	$109\frac{1}{2}$	$6\frac{3}{4}$	$6\frac{1}{4}$
圣保罗	77	65	$6\frac{3}{4}$	$6\frac{1}{4}$
伯灵顿	118	$114\frac{1}{4}$	$3\frac{3}{4}$	$3\frac{3}{4}$
路易斯维尔	44	$30\frac{1}{4}$	$14\frac{3}{4}$	5
密苏里太平洋铁路	80	65	15	$7\frac{1}{4}$
联合太平洋铁路	50	$41\frac{1}{2}$	$8\frac{1}{2}$	$3\frac{7}{8}$
西部联合	60	$51\frac{3}{4}$	$8\frac{1}{4}$	$5\frac{7}{8}$

从股价跌幅的角度看,1893年的恐慌并不十分严重。13只股票的平均跌幅是7.34%,只有几只股票的跌幅超过了10%。几只龙头股的价格下跌了7~9个百分点不等,而几乎每只股票的价格回涨幅度都超过了恐慌时期的跌幅。

1893年恐慌	最高价(美元)	最低价(美元)	跌幅(%)	反弹幅度(%)
伯灵顿	74	$69\frac{1}{4}$	$4\frac{3}{4}$	$10\frac{3}{4}$
圣保罗	52	$46\frac{3}{8}$	$5\frac{5}{8}$	9
岩岛城	58	53	5	$8\frac{1}{4}$
路易斯维尔	53	$47\frac{1}{2}$	$7\frac{1}{2}$	$10\frac{1}{8}$
美国制糖	73	$66\frac{3}{4}$	$6\frac{1}{4}$	$8\frac{3}{8}$
芝加哥煤气	53	$43\frac{1}{2}$	$9\frac{1}{2}$	$8\frac{3}{4}$
西部联合	75	$67\frac{1}{2}$	$7\frac{1}{2}$	$10\frac{5}{8}$

第三十一章 五次股市恐慌记述

1895年委内瑞拉引发的恐慌严重程度大约与1873年和1884年的恐慌相当,15只股票平均下跌了9.72%,其中很大一部分股票的跌幅超过了10个百分点。反弹幅度属于正常,大概相当于跌幅的$\frac{2}{3}$。

1895年恐慌	最高价(美元)	最低价(美元)	跌幅(%)	反弹幅度(%)
伯灵顿	$199\frac{7}{8}$	178	$21\frac{7}{8}$	$14\frac{1}{2}$
圣保罗	$72\frac{3}{8}$	$60\frac{1}{2}$	$11\frac{7}{8}$	$7\frac{1}{2}$
岩岛城	$72\frac{1}{2}$	59	$13\frac{1}{2}$	10
纽约中央铁路	98	$90\frac{1}{2}$	$7\frac{1}{2}$	$7\frac{1}{4}$
路易斯维尔	$49\frac{1}{8}$	39	$10\frac{1}{8}$	$6\frac{1}{4}$
密苏里太平洋铁路	$27\frac{5}{8}$	$19\frac{1}{2}$	$8\frac{1}{8}$	$6\frac{1}{4}$
泽西中央铁路	$105\frac{1}{2}$	93	$12\frac{1}{2}$	$8\frac{1}{4}$
美国制糖	$100\frac{1}{2}$	92	$8\frac{1}{2}$	$7\frac{7}{8}$
芝加哥煤气	$68\frac{1}{2}$	$57\frac{1}{2}$	11	$7\frac{7}{8}$
西部联合	$88\frac{1}{4}$	$82\frac{1}{2}$	$5\frac{3}{4}$	$4\frac{1}{4}$

下表列示了1901年恐慌期间以下股票的价格波动幅度:

1901年恐慌	最高价(美元)	最低价(美元)	跌幅(%)	反弹幅度(%)
艾奇逊－托皮卡－圣菲铁路	$90\frac{1}{4}$	43	$47\frac{1}{4}$	33
伯灵顿	$199\frac{5}{8}$	178	$21\frac{5}{8}$	$14\frac{1}{2}$
圣保罗	188	134	54	$29\frac{1}{2}$

续表

1901 年恐慌	最高价(美元)	最低价(美元)	跌幅(%)	反弹幅度(%)
岩岛城	$169\frac{7}{8}$	125	$44\frac{7}{8}$	28
路易斯维尔	$111\frac{1}{2}$	76	$35\frac{1}{2}$	$27\frac{3}{4}$
曼哈顿	$131\frac{3}{4}$	83	$48\frac{3}{4}$	$32\frac{3}{4}$
密苏里太平洋铁路	$116\frac{3}{4}$	72	$44\frac{3}{4}$	$36\frac{1}{2}$
纽约中央铁路	170	140	30	15
联合太平洋铁路	133	76	57	$47\frac{1}{2}$
合并铜业	$128\frac{1}{2}$	90	$38\frac{1}{2}$	32
美国烟草	$130\frac{7}{8}$	99	$31\frac{7}{8}$	$25\frac{3}{4}$
人民煤气	$119\frac{1}{2}$	$98\frac{1}{2}$	21	$13\frac{1}{4}$
美国钢铁	55	24	31	22

与其他几次恐慌股价下跌的净幅度相比,这次恐慌造成的下跌净幅度令人瞠目结舌。艾奇逊－托皮卡－圣菲铁路、圣保罗、岩岛城、曼哈顿、密苏里太平洋铁路和联合太平洋铁路等价格都下跌了 40 个百分点以上。有几只股票恐慌期间的最高价就是恐慌前 1 周或更早时的最低价,但是,其中的大部分股票 5 月 8 日收盘价与 5 月 9 日的最低价之间的跌幅居然占到恐慌期间股价总跌幅的很大部分。

反弹幅度也同样值得注意。在短短 1 周的时间里,联合太平洋铁路先是下跌了 57 个百分点,后又上涨了 47.5 个百分点;密苏里太平洋铁路先是下跌了 44.75 点,后又反弹了 36.5 点。其他股票的价格涨跌幅度几乎同样令人吃惊,并且表明就股价波动幅度而言,这次恐慌在这个月的表现不能与过去有记录的任何一次恐慌同日而语。

这次恐慌来去匆匆,速度之快令人眼花缭乱。之后的反弹速度和程度又使这次恐慌还算不上金融灾难。

第三十一章 五次股市恐慌记述

在过去的几次恐慌中,股票虽然跌幅较小,但下跌之后的表现仍然萎靡不振。如果1901年5月9日的最低价再继续下跌24小时,那么股票萎靡不振的表现就可能导致一场灾难。

5月9日恐慌期间的股价剧烈震荡表明,虽然股票投资没有受到严重干扰,经纪公司也证明自己有很强的承受能力,但是,成为那年大盘特点的大成交量还是掀起了一股抛售狂潮,进而导致股价大幅下跌,而且跌幅远远超过正常卖盘压力下股价的下跌幅度。

换句话说,一个每天成交二三百万股的巨大市场有可能导致股价波动幅度远大于正常水平,因为它每天的成交量大于正常水平。股市的成交量与股价波动幅度之间有一定的关系:只要买盘与卖盘之间的正常均衡受到严重干扰,那么,交易越活跃,就意味着股价波动幅度越大。

第三十二章

几波股价"疯涨狂潮"的退去

第三十二章 几波股价"疯涨狂潮"的退去

许多在 1902 年秋季"疯涨狂潮"中价格涨到了有记录以来最高点的股票,最终都没能撑过这个季节,突然都发生了崩盘。这种状况令人印象深刻。

1881 年上半年与 1901 年前 4 个月的情况非常相似。伯灵顿和昆西城(Quincy)这两只股票上涨了 22.5 个百分点,圣保罗上涨了 28 个百分点,西北铁路上涨了 23 个百分点,湖滨上涨了 17.75 个百分点,路易斯维尔上涨了 59.5 个百分点,纽约中央铁路上涨了 27.5 个百分点,巴拿马铁路(Panama Railway)上涨了 60 个百分点,"西部联合"上涨 57 个百分点。以下是当时一个保守的评论员对那个时期的记述:

"当今时代,'合并'已经成为一个时髦的流行词,对于投资者和资本持有人来说,金融界再也没有什么比这个神奇的术语更有魅力的了。假设 2 家非竞争对手公司的股票卖出价都是 20 美元,且只有很少的买盘;只要推出一项 1∶1 的合并方案,股票价格立刻会上涨到 30 美元、40 美元甚至 50 美元,具体看情况而定;假定以 100% 或更大比例增发的形式再在这起合并交易中添加一个元素——水分,而且股票原来 20 美元的卖出价现在就变成了股票的面值。以上这个例子可能比较极端,但大致内容无可争议,以至于很多铁路股从不派息,而且在未来若干年里也没有任何派息的希望,但现在能卖到 60~100 美元。就在去年,这些股票 20~40 美元的价格还被认为是定高了。"

以上这种多少有点熟悉的描述也可适用于 1901~1902 年的股市。

1881 年 7 月 2 日,加尔菲德(Garfield)总统遭遇枪杀。大约过了 1 个星期,美国爆发了铁路运价战。接着,热干风毁掉了玉米类作物。当时的情况可用"晴天霹雳"来描述。股市在"内部利益集团"支撑了很短时间后最终还是发生了崩盘。到了秋季,股票普遍下跌了 10~20 个百分点,随后的调整性下跌程度还要严重许多。

在很多方面,1902 年与 1882 年的相似程度完全就如 1901 年与 1881 年的相似程度。1882 年下半年,股市暴涨。那年仲夏,涨幅超过 10 个百分点或者说在 10 个百分点左右的股票还为数不多。然后,9 月的高位显示新泽西中央铁路(New Jersey Central)涨幅高达 33 个百分点,圣保罗上涨 24 个百分点,拉克万纳(Lackawanna)上涨 34 个百分点,伊利诺伊中央铁路(Illinois Central)上涨 23 个百分点,马尼托巴(Manitoba)上涨 58 个百分点。从 9 月到 11 月,股市不冷不热。在范德比尔特先生谣言的助推下,股价取得了"明显的上涨"。到了11月8日,已经有人认为"银根宽松,处于正常水平"。11月20日星期一,股价大涨了20%,后来更是达到了30%。银行的盈余留存很快就被耗用殆尽,并且出现了300万美元的赤字。当时一家日报又在11月25日报道称:

"股市强烈震荡,市场情绪趋近于恐慌。铁路运价战与钢铁贸易状况是导致股市剧烈震荡的两个诱因。铁轨生产受到了铁路快速发展和高运价的巨大刺激,而铁轨制造商的利润一度高得令人咋舌。工厂无法维持如此高的利润已成定局(这句话是事后再写的)。"

工厂确实没能维持这么高的利润,随后就出现了严重的萧条:秋天有很多工厂倒闭。这年股票的收盘价与这年秋初的价格相比出现了以下跌幅:伯灵顿和昆西城各下跌19个百分点;拉克万纳下跌23个百分点;纽约中央铁路下跌11个百分点;联合太平洋铁路下跌18个百分点;马尼托巴下跌22个百分点;普尔曼(Pullman)下跌23个百分点;俄勒冈航运(Oregon Navigation)下跌25个百分点。这是那个时期的最后一波"狂潮"。

撇开一长列像1885年、1886年、1890年和1895年出现的股市小"高潮"——几乎所有的股市疯涨狂潮都被货币市场对股票投机者投机过度的叛逆所颠覆——不谈,我们来看1899年的股市疯涨狂潮。著名的"花热潮"(flower boom)是整个股市疯涨狂潮序列中最虚假的一波狂潮。那时,整个市场对一波大行情的渴望竟然寄托在布鲁克林快运(Brooklyn Rapid Transit)这样一只股票上。现在看来十分可笑,但当时的情况就是如此。每家证券公司营业厅里,股票投机的小道消息在毫不警惕的股民中间散布传播,那里令人振奋的氛围对全体股民和所有的上市股票都产生了影响。布鲁克林快运本身差不多上涨了60个百分点,而其他股票的价格也有不小幅度的上涨,如伯灵顿上涨了25个百分点,新泽西中央铁路上涨了25个百分点,拉克万纳上涨了22个百分点,曼哈顿高架轻轨(Manhattan Elevated)上涨了36个百分点,大都会上涨了81个百分点,纽约中央铁路上涨了20个百分点。这波疯涨狂潮的主要操纵者突然于5月13日死亡。他的遗嘱执行人在他的保险箱里没有或者几乎没有找到一张传说中正被大肆炒作的股票,这位大名鼎鼎的操纵者至少已经全部抛掉他曾经持有过的股票,而丢下散户还在为抛掉手中的股票急得焦头烂额。这只大盘龙头股在短短的一天时间里跌掉了37个百分点,并且从此一蹶不振,再也没有重回它的高位。曼哈顿高架轻轨也从最近涨到的价位上跌掉了28个百分点,大都会跌掉了54个百分点,而铁路股的标准跌幅都在15~20个百分点。

那些新上市的工业股虽然之前分享了幸运的上涨行情,但跌得也同样非常悲惨。关于1899年的"股市疯涨狂潮",值得关注的事实是,货币市场在股市发疯期间并没有发挥多大的作用。

第三十三章

未发行股交易

第三十三章 未发行股交易

在美国,实际发售前的未发行证券交易最早是与发行年息 4% 的政府债券联系在一起的。1895 年 2 月 19 日,摩根－贝尔蒙财团(Morgan-Belmont)买下了这只政府债券。欧洲在这之前已经流行一种多少有点类似的做法,最初是为了满足投资者在新证券发售之前希望安排好债券或者股票购买的愿望。投资者自然要求助于银行来完成这种交易,而确定投资者要支付的价格就成了一种通行做法,从而自然就导致新证券采用合约方式并根据不同认购者认为它们所值价值的估计值进行交易。

摩根和贝尔蒙两位先生就是采用这样的方法安排了 6 231.5 万美元——按照他们俩认为的——年息 4% 的政府债券的发售条件。那些在国外发行的债券不会立刻拿回国内来销售,因为这样做有悖于当初发行它们的初衷。但是,外国银行都是处置未发行证券的行家里手。在美国财政部正式发行第一批政府债券之前,很多债券按大幅上涨的价格换手。而且很多时候,原受买人都从未见过他们转手的债券。他们实际交易买进的是美国政府年息 4%——"如果发行则发行时交易"的——债券交付合约。摩根－贝尔蒙财团以 104.50 美元的价格从政府那里拿到了债券,第二天就以 112.25 美元的价格卖给公众。2 月 25 日,也就是公开发售 5 天之后,新债券"发行后"就开始在纽约证券交易所非上市部交易,一上来就按 118.125 美元——比公开发售价又涨了 5.875 美元——的价格销售。不到 1 个星期,债券价格上涨到了 119.375 美元。3 月 14 日,到第一批债券正式面市时,价格还没有涨破 120 美元。

虽然这种新债券的交易方式具有很大的投机性,但在发行之前大多数出价 118 美元以上的买盘都来自这样一些投资者:他们在 112.25 美元的出价上没有买到债券,并且以为可能要等到债券正式发行后以更高的价格买进。因此,这些投资者通过认购"发行时交易"债券合约,并没有赚到很多钱。

政府债券发行前交易的方式拓宽了美国证券交易者的视野,他们发现,完全可以在新证券发行前就参与交易。稍后,在北太平洋铁路(Northern Pacific)、雷丁股份(Reading)、艾奇逊－托皮卡－圣菲铁路和其他铁路股进行重组时,这种合约交易方式已经在百老汇街场外交易市场成为一种平常的交易方式。精通"套利"和外汇交易的外国银行家早已采用"发行时交割"合约来完成他们的大部分交易。有一位外国银行家表示,有时在一只证券发行前就能赚到 25 000～50 000 美元的利润。外国银行家在北太平洋铁路上大赚了一把,但他们中的有些人在艾奇逊－托皮卡－圣菲铁路这只股票上赔了点钱,因为他们在定价时没有留下足够的利息空间,在这一点上犯了错误。对于这种交易,利息可是一个重要因素。操盘手们采用的方法就是,买进旧股并换取发行时交割的新股。在确定新股的卖出价时要把新股发行前的这段时间考虑进去,因为买进旧股要支付利息,并且要持有到换手为止。艾奇逊－托皮卡－圣菲铁路一例的麻烦就是新股发行比预期要晚。

"发行时交割"证券合约有一个重要作用,下面就用美国钢铁公司在百老汇街场外市场上完成的第一批发行时交割证券合约交易来说明。这些发行时交割合约的价格实际决定了在纽约证券交易所上市的联邦钢铁(Federal Steel)、型钢线材(Steel and Wire)或者其他子公司股票的走势。有好几天,没人知道旧股按什么价格换取新股,而在通过观察美国钢铁发行时的交易价格确定新旧股的兑换关系之前,旧股的价格一直在宽幅震荡。去年 3 月的第二周,美国钢铁普通股一开始在场外市场以 38 美元交易,而优先股则按 82.75 美元交易。这样,投资者通过在新股发行前买进旧股似乎明显可以获益,因为 3 月 28 日新股发行并且在纽约证券交易所挂牌上市时,普通股一开市就按 42.75 美元成交,而优先股则按 92.75 美元交易。从普通股民买进旧股并换取新股卖出的角度看,由于新旧股兑换受到限制,因此,这是一个难以完成的任务。有些交易者试图做一点在纽约证券交易所和场外市场之间所谓的"套利"交易,据他们估计能够获利 4～5 个百分点。但是,在明白了证券包销财团如何完全控制局面以后,他们就放弃了这种打算。

未发行证券交易有时也有风险,旧金山市内轨道交通公司(Francisco Street Railway Company,1902 年)和美国钢铁公司债券这两个案例可以说明这一点。据说,这两只债券一只是为了收回优先股,另一只是为了推高股价而发行的。包销团通常会协议商定,包销团成员必须持有一定比例的所发行新证券,并且负责寻找处置新证券的方式。按照惯例,包销团成员要签订"何时、如何和是否发行"新证券的包销合同,以便尽快让自己手中的证券脱手。在由摩根先生发起或者重组的大部分案例中,包销团成员都被要求持有规定比例的证券,除非专门规定由包销团牵头人负责处置所发行证券。例如,在由布朗兄弟公司(Brown Brothers & Co.)融资的旧金山市内轨道交通公司的案例中,根本就没有发行允许包销额转让的可转让凭证。布朗兄弟公司完全就像出售股票那样,是在场外市场完成它的包销任务的。在旧金山市内轨道交通公司发行债券的案例中,麻烦无疑来自那份规定包销团成员必须持有其应得债券的协议。在这个案例中,除非银行能按更有利的价格出售债券,否则包销团成员还必须持有新发行的债券或者银行没有卖掉的债券。认购者可能并不在乎那样就迫使他们卖掉旧金山市内轨道交通公司的新债券,因为他们不知道自己是否有债券交付,或者他们认为发行2 000万美元"就够供应市场了"。旧金山市内轨道交通公司一开始并没有发行很大数额的债券,而美国钢铁公司债券只能发行5 000万美元,而不是2.5亿美元。这两个例子表明,预售证券可能存在以下两个风险:在第一个案例中,倘若合约得到严格执行,迫使包销团成员在债券发行时交付债券,那么,债券的暂时稀缺有可能导致债券价格虚高;在第二个案例中,美国钢铁公司减少发行债券,有可能导致包销团成员必须交付比他们以为已经卖掉的债券实际更有价值的债券,而且还不得不接受亏损。

当然,更改发行计划和从根本上取消发行计划的风险总是存在的。一个曾经轰动一时的著名案例就是,几年前英国政府发布了准备增发东印度公司股票的公告。这些"发行时交割"的股票在发行前大肆交易,但英国政府后来改变了主意,结果不得不宣布取消全部已经执行的交易。

第三十四章

信息贩子心目中的股票市场

第三十四章 信息贩子心目中的股票市场

信息贩子对股票市场的看法并非不值得关注。不过,他们对股市的看法作为一种参考指标,总没有为人正直的经纪人对股市的看法那么有价值,而且他们通常是在股市的行情启动以后才能非常聪明地做出"预测"。

对股票投机的以下"研究"是一个大肆自我宣传的信息贩子的"杰作",读者可以自己判断它的价值。

华尔街就是一个大竞技场

纽约证券交易所90%以上的交易是纯粹的投机——在赌股票报价或者根据股票报价下赌注。所以,同样有90%的股市波动是由操纵股市造成的,而不是由于股票价值变动或者外部条件变化造成的。农业收成无论好坏,都与国家的实际繁荣有着十分密切的关系,而且应该是影响股票价值的最重要因素。但是,内部人能在华尔街呼风唤雨,他们可以在不十分关注收成、收益或者任何外部因素的情况下操纵股价的涨跌。不会没人见过,在牛市(也就是内部人做多时),股票即使面对不利的消息也会上涨;而在熊市(内部人做空时),无论前景多么美好,股价仍会下跌。每一波持续时间较长的行情都是由世界顶级金融帅才事先预谋并且全程操控的。他们清楚自己要炒作的股票的实际状况(但不是公开状况),而且还知道什么时候适合做多头操纵或者空头操纵。他们不会放弃任何机会,但最厉害的撒手锏还是利用人性的弱点。

一旦多头操纵或者制造长期上涨行情的计划安排就绪,他们就会利用各种能够想见的熊市论来诱使普通股民卖掉手中的股票。选举、战争危机、银根紧缩、农作物受灾、黄金输出等各种题材都会被挖掘出来,并且会年复一年地实际运用。其间,内部人悄悄地积聚筹码,并且把股价上涨控制在一定的幅度内。最后,当一切准备就绪,绝大多数投机者都看熊市场,跌势似乎已不可逆转时,牛市开始显现——通常是出现在一些预期利空的消息得到兑现时。开始,大盘缓慢上涨:有些股票上涨,另一些股票则仍按兵不动,但已经有一两只股票的走势有所突破,从而鼓励空方抛出更多的卖盘。这时,龙头股开始加速上涨,而其他股票也开始上行。每只股票都有自己的上涨幅度和上涨特点,但到每次股市操纵行动接近尾声时,那些先前表现滞后的股票会快速上涨。因此,能够很容易地看到,在操纵行动的前半期应该把注意力集中在龙头股的表现上。在其他个股价格上涨之前,被龙头股吸纳的资金可能会转移到其他"有特点"的股票上。

在操纵整个股市的行动中,大盘就像水面出现涟漪那样,可能会呈现数千次波动,但大势趋涨,股价稳步上扬。人人都为经济向好而欢欣鼓舞,"行踪不定"的牛市行情发展成了"慢牛"行情,股市中"容易上当受骗的羔羊"终于也开始赚钱。最后,买盘急剧增加,市场情绪亢奋,并且开始流传一些极其乐观的传闻。市场交易放出天量,但这至少暂时是这次牛市操纵行动的结束。内部人开始"减仓"。尽管报纸的财经撰稿人、通讯社和各种能够想得出的"吹牛"手段都被用来"忽悠"普通股民买进股票;虽然一切看起来还是那样美好,金融的"天空"依旧是万里无云,但市场还是陷入了停滞。尽管利好消息仍不绝于耳,但股价开始下跌;虽然是逐步缓慢下跌,但已经势不可挡;虽然其间出现过很多次上攻,但都以失败告终,大盘终于呈现跌势。

一旦内部人成功释放手中的筹码,任何因素都绝对无法维持股价上涨。很快,就会有人找到股市下行的原因。随后,相同的游戏又会重玩一遍。市场终将分为两派:一派积聚筹码,或者设局让"边际"投资者按低于实际价值的价格吐出手中的筹码;另一派是释放筹码,或者采取欺骗手段设法以远远高于实际价值的价格抛售自己手中的筹码。

细节会有所不同,但总体策略不会发生变化,而且会年复一年地付诸实施。容易上当受骗的人绝不会学乖,他们绝不会在一切看起来毫无希望时买进股票;他们也永远不会明白,多头操纵总是始于市场低迷之时,而止于大盘高涨之日。

联手操纵法

人的天性使我们几乎不可能在除了利空消息纷至沓来外没有任何动静的情况下,在价格处于最低点时买进股票;更不可能在大盘看似强势、利好消息不绝于耳、亲朋好友都说某个内部人士向他们保证某只股票会上涨15或20个百分点时,在股价位于最高点时卖出手中的股票。普通股民通常是在这个时候买进,股市操纵者就是利用我们人类的这些天性来设局操纵股市。就在他们准备抛掉手中的股票时,他们会在暗中策划,大肆造势,好让普通股民相信市场前景乐观。有一点肯定任何人都明白,股民进股市不会是为了健身或者荣誉，而是为了赚钱，而且是为了赚尽可能多的钱，他们绝对不会关心这个钱是从谁的钱包里掏出来的。他们要赚钱，那么就肯定有人要倒霉赔钱。但请当心，不要让我们自己成为倒霉的赔钱人。

在为发动多头操纵行动而吸纳筹码做准备时，操盘手通常会采用联手操纵法尽可能打压股价，目的就是要捕捉下止损单的筹码，然后在不提价的情况下快速买进，一直到大盘普涨三四个百分点为止。只要条件允许，操盘手就会故伎重演。大盘经过几周的狂热和窄幅盘整后上涨了5~10个百分点，其间联手操盘者们在不提高价格的情况下积聚尽可能多的筹码。然后，他们会抛出部分筹码获利，主要是为了试探市场有何反应。随后，股价会下跌，跌幅大概相当于之前涨幅的一半。这时，他们又会拾回自己抛掉的筹码。下一波上涨行情也许又能把大盘推高10个或者15个百分点，操纵就这样继续下去。在这段时间中，有时有十来个操盘手联手炒作不同的股票，但他们都采用基本相同的方式做局。

在上涨行情真正出现之前，有时在上涨行情启动之后，某只股票的价格会突然向下突破。这其实是操盘手设的局，他们这样做是为了甩掉"同路人"并诱使他们卖空。因为，如果能让外部交易者觉得这只股票只要"抬头"就会出现买盘，那么就能促成大量虚弱的空头净额，从而方便多头操纵。有一种不但联合操盘手而且职业操盘手也常用的方法，就是把手中的筹码分为三个等份：第一份筹码或许要持有2~3年，一直到出现譬如说80个百分点的极端行情才抛掉；第二份筹码在每个多头操纵小行动达到顶点时或许是在持有三四个月以后，盈利达到20~30个百分点时抛出，然后在股价合理回调后再买进；第三份筹码就在能获利5~10个百分点时释放，并且在适当的时候回补。从1896年8月到1899年3月，纽约证券交易所的一些内部交易者就是在稍做调整以后采用这种操盘方法来操纵股市。有些操盘手会把手中的筹码分为四份，而不是三份，而且第四份筹码全部用于"抢帽子"。

规模较大的联手操纵者在准备发起一次空头操纵行动时，通常会选择从保持市场坚挺下手，可能的话设法推高两三只抢眼、有吸引力股票的价格，以便通过编造"范德比尔特看涨""标准石油看多"等故事来忽悠普通股民买进，而他们自己却在尽可能高的价位上抛售各种股票。然而，规模较小的联手操纵者和职业做空者在卖空和空头操纵未能导致股价下跌的情况下，就会通过平仓来尽可能减少亏损；然后通过把相关股票的价格推高几个百分点,也就是推高到他们能够重新做空的价位,并且持续做空到最后股价大跌为止。只要大盘最终发生有利于他们的变化,无论规模大小,联手操纵者都会打压大盘,随着大盘走低就能诱使多头平仓,而外部卖空者总是在大盘触底时才采取行动。

联手操纵者发起的重大操纵行动几乎都是以预期要发生某个事件为前提。通常就在预期事件发生后不久,当然有时也就在预期事件要发生之前,他们想发起的行情就会达到最高点。但是,如果有很强的不确定因素存在,甚至连内部人士也不能确定结果,那么,他们发起的行情很可能在预期事件成为事实之后还会继续下去。

股市取胜之道

"在大自然创造的杰作中,最微妙的东西莫过于人类的自利心。我们在玩一种我们不懂的技巧游戏,并且对手又是一个玩弄花招的行家里手,此时我们还总是希望取胜。"

对以下事实的研究和相关建议应该能使我们在玩这种游戏时至少还有获胜机会。

第一,当一个清淡、疲软的市场开始活跃但仍继续下行,接着又出现恐慌情绪,而且有大量的股票开始换手时,股价很可能已经非常接近底部,而且可望出现一波几个百分点的反弹行情。在这波反弹过后通常会出现又一波下行趋势,可能会大致触到之前达到的低点。不过,这也并不是一成不变。只要其他迹象表明这是一波空头操纵行情的结束而不是开始,那么,这时买进的股票应该继续持有,以待股价大涨。

第二,如果在一波低迷、下行的行情过后,人人都看空市场,或者在一波下跌行情过后出现了一次 3～4 个百分点的反弹,随后某些股票跌掉了这次反弹幅度的 1/2 甚至 3/4。此后,这几只股票又再次反弹,然后又再度下跌。不过,这次跌幅只相当于后一次反弹幅度的一半左右。下一波幅度只有 1 个百分点的上涨行情肯定地表明,内部交易者或者联手操纵者正在吸纳这些股票的筹码,这将预示着这些股票的价格将上涨。等大盘登顶之后,以上的运行趋势就会扭转方向逆行。

第三,如果在一次明显的普涨过后,某一天放出巨大成交量,市场情绪兴奋、热烈,但普涨行情却戛然而止,大盘开始回调(虽然最后还是上行),那么随后就会出现一个幅度在 2～5 个百分点之间的盘整市,也就是所谓的"交易员市"——属于"成交量与盘整"范畴的东西。

第三十四章 信息贩子心目中的股票市场

第四,坚持为表现最活跃的股票做价格走势图和行情记录,并且努力通过这些图表和文字记录来了解内部交易者在做什么。如果你画的价格走势图显示某只股票在一次下跌后出现很多窄幅波动,并且最终以很大的成交量上攻突破了盘整区间的上限,那么就可以合理地假设,内部交易者或者联手操纵者已经在积聚这只股票的筹码,并且打算拉升这只股票的价格。如果你的行情记录显示有几只龙头股正在出现相同的表现,那么这就是证明牛市即将来临的很好证据。

第五,大盘在低位小幅波动、徘徊数周后,某一天或者两天突然变得极其沉闷、呆滞,那么就能可靠地认为牛市操纵行情很快就会出现。当空方开始对做空感到疲倦,手中也没有更多的筹码可抛售时,大盘当然会陷入停滞,而内部交易者就会认为拉高股价的时机已到。

第六,当种种迹象表明大盘趋向于走低并且人人都看空,种种可能的理由都表明应该卖出手中的股票,利空的消息不绝于耳——虽然一些习惯性空头仍在卖空,但股价继续在窄幅盘整,并没有实际下跌——时,我们就可以肯定内部交易者在积聚筹码,而下一波应该是明显的上扬行情。

第七,成交量是反映股价一般趋势的非常好的指标。如果交易在股价上涨时放出天量,而在回调时减少,那么就能肯定牛市已经到来。

第八,在股价连续上涨两天后,第三天买进股票通常有风险。大盘在接连上涨或者下跌两天或者三天后通常会停止不动或者回调。如果股票在第三天上涨后在顶部收盘并在次日早市强势开盘,那么,股价十有八九至少要回调 1 个百分点。但如果大盘第三天上涨后停了下来,并且在接下来的两天里没有出现任何方向明确的走势,那么就不可能出现回调,而且有可能在这个静止期的第三天重新上扬;如果第三天大盘调头下行,那么就会出现与上述情况正好相反的走势。

第九,如果大盘在一波长牛行情后一连 3 天大涨,并同时放出巨额成交量,市场情绪极度兴奋甚至狂热——尤其是预期的利好消息迎来了兑现高潮,那么,这就是一个证明多头操纵行情(至少是暂时)就要结束的可靠证据。

第十,如果一只股票价格接连上涨了 3 天,而且第三天的价格上涨还伴随着巨额成交量,那么,这只股票的这波上涨行情极有可能马上就会结束。但如果在经历了一个交易清淡期后,一只股票开始放量上行,那么就应该买进这只股票以期坐享三连阳。

第十一，只有两种交易方式可供选择——要么接受小亏，要么绝不接受亏损。有一条古老但行之有效的法则，那就是如果一只股票的走势对你不利，请把损失限制在半个百分点到2个百分点的水平上——尤其是在有"内部消息"的情况下。要不然就是逢低买进，但首先应该认真评估你打算买进的股票与其市价相比是否物有所值。除非是少量买进或者财力雄厚，否则，最好还是确定一份止损计划。另一个古老但行之有效的法则就是，在别人都想卖出的时候买进，而在别人都吵着要买进的时候卖出。

几个"不要"

首先，无论你如何确定大盘预期将出现回调，请不要为了翻身在牛市做空，或者在熊市做多。为了赚1个百分点的小利而去冒损失10个百分点的风险，这可是一种非常糟糕的策略。如果你已经有不错的盈利并且预期市场将出现回调，那么愿意的话就可以平仓，然后在股价下跌以后再回补——但不要"做空"。不要因为自己持有某些股票的多仓而无视大势中出现的利空因素。不要无视任何股价上涨的迹象而长期看空市场。不要让自己的欲望和希望影响自己的判断:希望不应支配思想。时刻关注与大势有关的各种因素,注意它们可能会影响公众情绪，但不要忘记，了解这些因素没有了解内部交易者如何操作重要。请不要在股民大众捂盘惜售时做多，也不要在流通股都被内部人持有的情况下做空。

其次，不要在乎"英格兰银行的财务周报"或者伦敦证券交易所的报价:它们常被人"粉饰"，并且会产生误导。不要听信财经报纸刊登和经纪人信函等披露的小道消息和"内部消息"，因为内部人有可能操纵新闻媒体并发表评论意见，只愿意向公众披露很少的信息。除非你是解读股票行情记录的行家里手，否则就不要依赖股价自动收报器，因为它只会对你产生误导作用，你也不可能从研究股票行情的行家里手那里学到任何东西。不要触碰买卖不易的股票，也不要在获利颇丰时还贪图蝇头小利。不要逆势而上，而应顺势而为。但是，如果你在一波多头操纵行情中做空，请不要平仓反做，在上涨行情快要结束时做多;如果在价格下跌时你已经做多，请不要在多头操盘行动快开始时做空。请记住，"行动要迅速，否则还不如不动"。不要只做一只股票，因为这样做不保险;最好把自己的仓位分摊在五六只股票上。不要过度交易，也不要持有大于自己资金所允许的仓位。不要追涨杀跌。

第三十四章　信息贩子心目中的股票市场

两种方式

以下两种方式，或者更确切地说，以下两种方法也十分行之有效。我们先来说说如何采用第一种方法在一次多头或空头操盘行动结束时进行操作，并且一直持有到某个长期行情的出现；然后接着介绍如何运用第二种方法。

首先，在盘整市中捕捉机会——在"交易员市"或者在市场没有呈现任何方向明确的趋势时，任何表现活跃的股票都会出现数十次几个百分点的波动。利用这种盘整市的方法就是撒网"捕捉"这些日常波动。譬如说，按市价买进100股圣保罗，然后在股价每上涨或下跌半个百分点时就补进100股，但在同一价位上同时买进的股票不要超过100股，而且总共积聚筹码不要超过600股。请把每次买进操作作为分开的交易来处理，只要有一次买进的股票出现1个百分点的净收益，就卖出那次买进的100股股票，等股价回调1个百分点后再回购补进。只要买进的股票价格没有出现1个百分点的净收益就按兵不动——简单持有，但为叙述方便起见，假定卖出100股并且回补100股，如果圣保罗持续上涨，没有出现价格回调，那么你由此等于持有200股圣保罗多仓。如果出现暂时下行趋势，请不要害怕。股价盘整会给你带来盈利。当然，在使用这种方法时必须注意：如果大盘处在下降趋势中就得做多；而大盘处于上升趋势中就得做空。

其次，有限金字塔式交易法。如果基本情况与各种迹象都表明一波明显的上升行情已经为期不远，那么就在你财力证明合理的范围内低位买进。在多头采取操盘行动前捂盘别动。然后，等股价下跌半个百分点后就少量买进，而且之后股价每跌半个百分点就尽量多买进一点。即使在最强劲的牛市中，这样的下跌也会每天出现两三次。坚持贯彻这个策略一直到股价连续两三天快速上涨、大盘开始发热、成交量开始放大为止，换句话说，一直等股民大众开始蜂拥买进，庄家开始炒作他们手中的股票为止。然后就抛掉手中一半左右的筹码，等股价至少回调1个百分点后再进行回补，而且股价每下跌半个百分点就进行回补。等上升趋势恢复后就改用前面采用的方法，直到上文所说的基本情况和各种迹象都显示整波牛市行情基本触顶为止。然后"逢涨就卖"。等到一次回调的第三天再适度买进，以迎接"第二个顶部"的出现。等第二个顶部出现时，清仓离场休息，或者回过头来重新采用前述"盘整市捕捉法"进行操作，现在当然是做空。

再论取胜之道

  虽然相同的一般操盘策略年年有人采用,但内部交易者总是不断策划新的花招来欺骗对手。因此,倘若你打算在股市赚钱而不是赔钱,那么就必须不但掌握股票投机这种游戏的一般复杂规则,而且还必须赶上时代潮流,就如同做任何其他事业一样。对人和事或者情况进行准确判断是必需的;如果你已经开始绘制股票走势图,那么好好继续下去,而且还要学会如何解读它们。你是否知道一个之前从未见过大海的农夫能够凭借航海图驾船在海上航行?只有在其他指证说明相同的问题时,笔者才会相信图表。还必须注意观察每天的成交量,无论是多头操盘行动还是空头操纵行动放出的巨额成交量。笔者在这里说的巨额成交量是相对于之前的日成交量而言的,与某些股票在经历了一个很长的交易清淡期后开始上扬并出现大量买盘的情况不同,请不要把两者混淆。时间和季节也是股票投机要考虑的因素。4个月是一次多头操盘行动持续的一般时间长度。通常在隆冬也会出现一次多头操纵的小行情。普通股民和散户对股市的看法具有重要意义。任何多头操纵行动都绝不可能在广大股民坚持做多时发起,也绝不可能在广大股民做空时结束。证券交易所的融券利率是了解广大股民持仓情况的一个重要线索,但由于股票融出利率容易被操纵,因此,了解广大股民持仓情况的一个更好途径是,从正规经纪公司或者对敲公司那里了解他们的客户是在做多还是做空。如果外部交易者都在抛售,那么买进就相当安全;反之亦然。

  成交量开始放大时,经验丰富的交易者都知道"有什么事情要发生"。有时候比较容易识别某只股票在出现活跃的表现以后价格会上涨还是下跌。不要每天做交易,也不要追逐蝇头小利。如果不采用行之有效的比例交易法,那么在买进或卖出了不该买进或卖出的股票而出现了亏损时就应该赶紧认赔服输,然后再从头开始。如果大盘走势对你有利,那么就根据你持有股票的具体情况尽量设法赚他5~20个百分点。做成一笔能赚10个百分点的交易,就能弥补做5笔每笔亏损1个百分点的交易造成的损失还有余。常见的比例交易法(也就是每下跌半个百分点或者1个百分点小批量买进,每批股票出现1个百分点的利润时就卖出获利)无疑是完全正确的,但必须首先确定打算买进的股票物有所值(即其价值接近于它的市价),然后为了绝对保证安全,还必须增加保证金。但是这样一来,你的投资利润率通常会显得很低。

第三十五章

华尔街的至理名言

第三十五章 华尔街的至理名言

笔者收集了一些华尔街的警句、格言、箴言、俗语、见解和观点,现介绍如下以供读者参考。

传闻一半是谎言。

少说为好。

注意控制自己的情绪。

凡事适可而止。

人总会犯错误。

初次失败是最宝贵的财富。

并非是玩家就能赢。

最后还要靠运气。

悠然生运气。

无用的建议比比皆是。

真话无须发誓。

慢工出细活。

割肉斩仓要谨慎。

有疑虑就别做。

亏不单行。

华尔街好健忘。

说话的巨人,行动的矮子。

要学会认赔服输。

信息能造市。

不冒险就不会赢。

一物既失,悔也无益。

失败使人谨慎。

常赚小钱也能装满钱包。

危难中之物未必就会失去。

当智慧无能为力时,就要靠运气来相助。

好借好还,再借不难。

涨则趋利,跌则止损。

有些人总能从失败中吸取教训。

失败者总因犯错。

趁早脱手,减少损失;让利润奔跑。

买好了不愁卖。

鲁莽者终将一无所有。

议价前先询价。

赔了钱才知道珍惜。

事后都是诸葛亮。

便宜面前须三思。

鸡蛋生下后才能买。

听到恭维话,谨防被欺诈。

出手阔绰朋友多。

新事物出现时总是美好的。

忽视商机就是放弃生意。

极度疲软后再买进。

赔钱老手多于新手。

掉毛总比丢羊强。

是运气而不是智慧决定结果。

欺诈行为是建立在虚假陈述上的。

不要把鸡蛋放在一个篮子里。

宁丢马鞍,不可失马(丢卒保车)。

明天就有市。

小损失常能带来大盈利。

装富常能变富。

灵感来自努力。

第三十五章　华尔街的至理名言

看壳知果。

多听少信。

当心一无所有的人。

投机始于不确定的结束。

富人买时出手快。

在"交易员"市中逢低买进——逢高卖出。

延迟过度常会招来风险。

叟言无假。

只做能让自己睡安稳觉的投资。

今天赔钱，保不准明日赚钱。

思虑过度，错失良机。

错觉会毁了所有被它糊弄的人。

大丈夫的座右铭披露的是他们的心声。

能力越低，牢骚越多。

小亏让人害怕，大亏让人听话。

凡事发生就会重现。

想吃鸡蛋就要忍得咯蛋声。

最好的到头来总是最便宜的。

大方不要轻易赐予，而是要明智地给予。

搜集信息应该在投资前，而不是投资后。

有事做就是三生有幸。

智慧让财富生色，使贫穷黯然失色。

金钱无所不能。

价格稳定、疲软时开始买进。

满足富人的要求，他们就会接受你的要价。

穿着朴素而不失体面的人才是有智慧的人。

伟人有目标，常人多梦想。

一分运气胜过十分智慧。

大事须精心准备。

恐慌期间10％的保证金又有何用？

富人难辨朋友。

赌钱输了不会有人感谢。

终日焦虑不安等于是在召唤死神。

投资者易成甜言蜜语和可靠参数的俘虏。

把鸡蛋放在一个篮子里就得悉心关照。

羊多叫一声咩，就要少吃一口草。

富人花小钱时最吝啬。

富人会表现得过分大方。

好发誓者常说谎话。

钱赚得容易赔得也快，来得方便去得也快。

不听劝告就会招来惩罚。

自夸聪明就是在掩饰自己的愚蠢。

做好最坏的准备，自然能得到最好的结果。

有句老话说得好，机遇总是眷顾有心人。

借钱不立据就是在树敌。

只有成功者的建议值得一试。

留长头发的男人通常容易冲动、不计后果。

必须像寻找机会那样创造机会。

动物比静物更易吸引眼球。

卖掉不属于自己的东西，要么买回来还给别人，要么去蹲大狱。

只融券卖空表现活跃的股票。

有些人宁愿拿大把的时间用在瞎猜上，也不愿下功夫学点东西。

注重事实的聪明人从来不需要走歪门邪道。

在估计某人财富时，请把传说中的数字除以4。

能够果断决策并且把握机会的人才算得上能人。

大盘上扬后开始盘整，就离下跌不远了。

股价处于高位,或者出现下降趋势时就该趁反弹卖出。

20岁前赚了大钱,很容易为追逐更多财富而赔个精光。

不欠债就是财富,健康就是年轻。

"超前的信息"和充盈的资金会毁掉任何人。

适度的财富是一种支撑,过多的财富就是负担。

造市能否成功主要取决于能否坚持。

只有派船出航,才能等船返航。

收盘时股价走势疲软且没有支撑,第二天早市就会出现反弹。

不拘小节易误大事。

股价处于低位或者上升趋势时就应以适当的价格买进。

贵族的品位造就乞丐的钱包,喝香槟的口味只能赚喝啤酒的小钱。

英明的领导人审时度势并顺势而为——绝不会逆势而上。

了解他属于市场的哪一方(多方还是空方),就能很快知道他的问题所在。

价格上扬一整天后强势收盘的股票接下来通常会出现下跌趋势。

正确的判断是能量的最好保护神,可靠的信息则是资金的最好保护伞。

抱怨自己命运不济的人常会错失机会。

赔钱已经损失很大,失去朋友损失就更大,而失去信心就失去了一切。

如果交易对你有利,就照样做下去,直到最后一笔交易对你不利为止,然后就结束交易。

当市场极度兴奋且所有股票处于高位时,就应该及时平仓。

一个人在20岁时什么都不懂、30岁时什么都不会、40岁时还一无所有,那么只能惨淡了却此生。

恐慌的一条规律似乎就是:大盘之前出现了最大的涨幅,紧接着又出现了最大的跌幅。

在你买进且交易对你有利时就这样继续下去,直到买入对你不利为止,随后就结束交易且平仓套现获利。

大盘上扬后停止了上升势头,然后起伏不定并且出现一些疲软迹象,那么更可能导致股价下行而不是上扬,但有时也有例外。

在一个活跃的市场上,一波上涨或者下跌行情通常会持续 3~4 个交易日。在这波行情能量耗尽时,就是反向操作赚一把的机会。

"我以为一只股票已经见顶,在踩准点之前卖空了 5 次,每次都赔。不过,我很快就踩准点收复了失地,平仓时还赚了不少。"一个成功的交易者如是说。

牛市突然停止上行,几乎总是始于某个导致对信贷信心下降的因素。当信贷开始减少时,商业就会收缩,从而导致劳动力失业。大循环就这样形成了,并且通常要持续到经济恢复自纠机制为止。

华尔街有一种观点认为,大盘走出一个三重顶后调头下行,这就是大盘即将大幅下跌的征兆。不过,除非有重大原因支撑,否则光凭这一点不足以证明应该采取行动。但不管怎样,这种观点的确表明,在这个价位上,抑制大盘上扬的阻力已经变得很强。

大盘大幅上涨后出现的下跌趋势通常分为两个阶段:第一阶段,由于空方发起反击,而且止损盘得到执行,因此大盘会快速下跌;第二阶段,卖盘对买盘的优势逐渐减弱。大幅上涨后出现的下跌趋势常无规律可循,其间会反复出现反弹,就像天天看到的那样导致大盘动荡不安。

应该始终牢记,信用收缩会像增加那样迅速,信用资源不但可能因为信贷实际价值的减少,而且还可能因为导致大规模操作的信心丧失而消耗殆尽。信用是而且必须一直是商业的基础、投机的基础以及价值存在的基础。

当大盘停止上行且动能耗尽时,通常卖盘增加并超过买盘,从而逐渐形成下跌趋势。遇到这种情况,努力在大盘还很坚挺而不是疲软的时候卖出,总是不失为明智之举。这是因为,在一波上涨行情的顶部,反弹总会让空方担惊受怕,而多方在这个应该最有底气的时候却失去了勇气。

有时候,所有的方法都很好使,但它们中的大部分或者全部又迟早会在实际操作中发生故障,原因就在于,交易者在采用这些方法时成本太高或者太危险而不能或者不愿采用它们。很多方法是建立在市场走势和反应趋势上的,它们常常很有用,但由于我们偏好价值而总是将它们放在次要位置。

股票的买家不外乎两类:一类是做趋势交易的买家。只要市场交易活跃,他们就会持有股票,而不会考虑股票价值或者价格。另一类是试图在股价下跌而不是上涨时买进股票的买家。实力雄厚、试图操纵市场的利益集团总想努力成为这两类买家,有时候会悖逆市场以鼓励其中的一类买家采取行动,并且在另一些时候则允许市场做出反应以鼓励另一类买家买进。

所有的股票都会程度不一地随大盘波动,但从长期看,股票的价格还是由股票的价值决定。事实几乎总是证明:在跌市中购买表现最好的股票是一种合理的策略。从理论上讲,在涨市中卖出表现最差的股票是一种明智的策略,但实际执行结果有时令人郁闷,因为有那么多的人为了通过补进来保持这只股票的强势而同时在做同一件事。在这种情况下,最终还是股票的价值决定其价格。

就像华尔街所说的那样,股票操纵就是一个为了实现自己的目标而强制或者引诱其他人买进或者卖出某只股票或债券的过程。在股票操纵中,动用强制手段和引诱手法的比例差不多可能是1:20。我们难以强制任何人按照给定的价格购买某件东西,除非他们觉得必须拥有这件东西。通过让别人觉得他们确实需要某件东西,诱使他们卖这件东西常常就相对比较容易。

商业周期可能还不适合通过科学来论证,但一个多世纪以来,商业周期理论一直在实践中发挥了很好的作用。为什么商业在增长了几年之后会发生逆转呢?对这个问题做出的解释也许合理,但可能也不合理。在商业转向后,总有某些因素会助推转向后的商业趋势,无论是上升还是下降趋势。

历次恐慌给我们的教训就是:在大恐慌时期,普通股民焦虑不安,股票的价值完全被忽略,最好的股票与最差的股票一样大跌,甚至比最差的股票跌得更惨。事实上,当人们急需现金时,他们就会抛售最好的股票,因为这时只有这样的股票还有一点市场,而其他股票根本就没有市场。此外,最好的股票可能已经被融出去,而融出去的股票已经被卖掉,而那些较差的股票虽然已经归还,但因未被封杀出局而被套牢。

必须记住,当大操盘手致力于做多或者做空时,他们不可能像仓位较小的交易者那样迅速调整自己的仓位。即使他们乐意改变自己的仓位,常常也不得不持有一段时间。还有一个同样正确和重要的方面需要记住,那就是大操盘手必须不顾暂时的市况,不断地克服困难去赚钱。

在上升趋势筑顶或下降趋势筑底之前,我们是没有办法知道上升趋势何时见顶或者下降趋势何时触底的。有时,我们能够猜测何时见顶或者触底,但从本质上说,这样的猜测并无实际意义。华尔街常说,只有愚蠢的投机者才会希望在最低价位上买进股票、在最高价位上卖出股票。有经验的投机者都明白，没有一个人能够确定无疑、始终如一地做到这一点。

"牛市从来无消息。实际流传完全意义上的消息的唯一时刻，通常就是即将发生破产、接收和灾难的时候。这时，这样的消息会实际产生作用，导致价格突然下跌。现在与以往一样有一种看法很流行，那就是'没有消息就是好消息'。有时，消息会帮助市场，如在恐慌时期传出银行界将联袂采取措施救市的消息。这样的行动会导致股价大跌后的反弹或者制止强制性立法。"——彼得·贝内特（Peter Bennett）

只要大盘走出狭窄的盘整区间，就有必要下止损单；只要大盘还留在狭窄的盘整区间内，下止损单就会造成无谓的浪费。除了冷静观察市场动静以外，我们没有办法确定大盘是否会走出窄幅盘整迎来某种长期趋势。如果连续几天成交量越收越小，那么极有可能出现长期下跌趋势；但如果市场成交量放大，那么就有可能出现长期上升趋势。只要大盘强弱度看似平衡，那么很可能出现小幅回调。

大操盘手在准备发起一次操纵行动时要做的第一件事就是，筹措与操纵行动相称的资金。他们会举借或者安排举借大量资金。这些资金或者信贷是由银行贷给个人的，但如果是个人存款，那么就成了银行吸收的存款，这就是贷款与存款通常联动的原因。银行发放贷款的资金，就是它们吸收的存款，因此贷款和存款的大肆扩张就意味着有人在大量借款，而且不是把它们用在了过去的交易上就是持币用于未来的用途。

股市总是呈现波浪式运动趋势，中心点位于价值附近。当价格下跌时，下跌势头会使价格越跌越深；当价格上涨时，上涨势头会使价格越涨越高。因此，无论是上涨还是下跌，回调在所难免。小幅投机性波动的情况也是如此，如果某只股票上涨了两三个百分点，那么通常会回落大约相当于涨幅的一半。也有例外情况，如价值变化或者一次固定不变的投机行动导致股票出现异常走势。但只要是自由交易股票，多半是任何主要运动总伴随着一次波动幅度至少相当于主要运动 3/8 的回调性运动。

股票市场恐慌有一个轮廓清晰的过程。1873 年以来的记录数据只显示了两次例外情况，而其他情况都符合一般规律。一次股市恐慌通常要持续 3 天左右，但并非一成不变。最低价格通常出现在第二天，然后会出现一次反弹，幅度大概相当于之前跌幅的一半以上。反弹在一周内达到顶点，有时持续时间较长，但不会超过 30 天。1901 年 5 月 9 日之前发生的历次恐慌持续时间都在 30 天以内。反弹过后又会出现一次缓慢下跌，幅

第三十五章 华尔街的至理名言

度至少相当于反弹幅度的一半。如在熊市中,反弹后的下跌幅度会达到甚至超过反弹幅度。

常听到有人说,大银行能够随心所欲地操纵股市,其实完全没有这回事。如果撇开幅度较小的波动和轻微波动不谈,那么,最终是广大公众而不是其他任何人决定股票市场的走势。交易员能够使股票价格发生窄幅波动,银行能够使股价发生较宽幅度的波动。但是,如果没有公众的参与,股市常常趋向于均衡。当交易员卖出股票时,股价就会下跌;当他们补进时,股价就会反弹;当银行哄抬股价时,股票价格就会上涨。但是,如果广大股民看涨买进,那么股价会上涨。交易员和银行能够并且通常也确实预测广大股民的行动,但是,如果广大股民并没有按照交易员和银行的预期去做,那么,交易员和银行就赚不到钱。

从长期看,股票价格由投资者决定。这样说有时受到一些人的质疑,这些提出质疑的人认为,股价波动是由不顾价值公开操纵股市的人造成的。这种操纵确实存在,但操纵结束后,股票的价格最终还是投资者说了算。如果他们认定某只股票就值那么多,股票操纵者最后也只得接受这个定价,因为股票操纵不可能一直持续下去。股票操纵的目的就是以低于价值的价格买进,然后以高于价值的价格卖出。有经验的交易者都知道,股票在经历了人为的打压和拉升以后都会回归代表价值的中点,就如买进或持有股票的投资者所理解的那样。

在一次下跌行情中,有很多止损单明显没有付诸执行,从而导致一个经验丰富的交易者对这种股票投机保护机制的用途不屑一顾。他表示:"股民在委托他们的经纪人下止损单时以为只有他们本人和他们的经纪人知道这件事。但是,经纪人都是大忙人,他们会把这种单子转交给专做某只股票2美元差价的经纪人。某只表现活跃的股票的专业经纪人在1周或2周内累积了大量的止损单。然后,一些股票操纵利益集团会向这种经纪人打听消息:'你收到多少止损单?'专业经纪人会向他们透露自己手头有多少止损单。如果止损单已经累积了相当多,那么,股票操纵利益集团就会表示:'抛出去。'这就是为什么很多时候股价正好跌到差一点触及你设的止损点时就调头向上的原因。"

股票市场的日常波动趋势受到市场情绪的影响。纽约证券交易所交易大厅大概有400个交易员在做大小不一的交易。他们通常不是那种试图根据未来预测进行操作的操盘手,但他们也有自己的日常交易目的,那就是根据他们每时每刻都能获得的消息或者动向迅速采取行动。这方面的实践造就了极其高明的职业交易员，他们善于发现大盘变化的迹象和解读任何可能影响他们交易的信息。结果，他们能够把自己的注意力集中在一两起突发事件上，他们的交易也或多或少地受到这些事件发展动向的左右。如果大盘下跌，并且因为某些特别消息或者某些股票的特别买盘而开始反弹，那么交易员同时都想买进并导致反弹加速。或者，由于出现了利空消息，因此交易大厅里的交易员同时都想抛售，从而导致大盘加速下跌，而且越跌越深。

虽然股票价格的暂时波动与股票价值没有多大关系，但从长期看，股票价值是股票价格的决定因素。股票的价值最终由股票的投资回报决定。有一点确定无疑，那就是投资者决定股票价格；而操纵者只是一时强大无比，能够操纵股价涨跌，误导投资者，诱使投资者在他们自己想卖出时买进并在他们想买进时卖出。但是，操纵股票只能得逞一时，不可能永远得逞，最终投资者总能了解股票的近似价值。然后，他们持有或者卖掉股票的决策独立于投机单独决定股票的价格，而且他们单独决定的价格在很大程度上能够表征股票的真实价值。投资者单独决定的股票价格之所以具有这样的表征属性，是因为内部人完全了解这个价格，要知道内部人可比其他任何人都更加了解股票的真实价值。如果股票的价格太低，内部人就会买进。所以，一只股票价格稳定，就意味着内部人并没觉得这只股票价格特别高或者特别低。

不关心影响股市波动的近期信息是很危险的，而下面这封致"伦敦目击者"的信中讲述的"财政大臣和证券交易所"的故事很能说明这个问题：

阁下：请允许我给您讲述我们家族的传奇故事。我的祖父是一名实业家、议会议员和格伦威尔党党员。关于"城市"的情况，政治家们总习惯询问相关城市的实业家。有一次谈到利用近期信息实现高额利润可能性这个话题时，格伦威尔男爵(Lord Grenville)问我的祖父，是否想过外面在传的赚取高额利润的故事？我的祖父回答说，他不是股票投机商，更不是政治权威人物，但如果格伦威尔男爵愿意，就能很容易地证明这个问题。于是，男爵说："我告诉你我在首相位置上可以获得的最新信息，你就到证券交易所去试试你我的运气。"

到了年底，我祖父这个商人与男爵这个政治家两人又见面了，想检验这个商人利用首相告诉的最新信息做股票交易的结果如何。我的祖父呈上交易清单，结果显示：如果按照首相提供的信息大刀阔斧地进行交易，那么肯定赔得血本无归。

第三十五章 华尔街的至理名言

滑铁卢战役打响以后,这个消息不是英国政府告诉罗斯柴尔德的,而是罗斯柴尔德告诉英国政府的。

根据我本人的经验,我明白,像我祖父这样前途似锦的人倘若被认为因采用上面讲的方式交易而破产,那么一定会觉得很不光彩。他自己对这件事的描述也能证明这一点。他说,在拿到晚报看到编辑发布的新闻而不是投机者提供的独家消息之前,整个上午,他的心情一刻也没有平静过。

——H.R.G.

如果公众能明白某个道理,而且是刻骨铭心的那种明白,并因此而永生难忘,那么,他们在华尔街成功的机会就可能得到实质性的改善。从华尔街——华尔街整体的一般感觉以及金融和投机界的一般感觉——的角度来看,公众有钱,华尔街希望公众能拿他们手中的钱来换取证券。的确,华尔街的大部分从业人员绝对无意向公众兜售没有价值的证券。然而,这个问题的实质就是:华尔街总是处在向公众出售证券换取资金的位置上,有时能够轻而易举地发售大量的证券,而另一些时候却不能发售很多证券,而且还困难重重。公众应该记住,华尔街的所作所为只有一个目的,那就是发行证券换取现金。从长远来看,公众并不出售证券。他们通常会持有自己付钱买进的证券。股票一旦卖给了公众,就很少或者永远也不会返回华尔街,哪怕是很小的数量。

杰伊·古尔德曾经说过,成功投机的第一个先决条件就是耐心。操盘手大多明白,常常就是因为缺乏耐心,才毫无必要地少赚了很多利润。股市大行情通常不会突然而至。虽然股票市场从严格意义上说也受到操纵,但从广义的角度看,市场行情是不同条件作用的产物。股价运行就像是散兵作战,既反映实际出现的条件,又预示着预期会出现的新条件。股价一旦上涨过头,肯定会回落;而一旦形势变得明朗,就会一路上扬。股价就像潮汐,在不高不低时就是平潮期。当商业潮汐不高不低时,也会出现一个难以说清各种条件已经明显变好还是已经明显变坏的时期。有些条件可能已经发生变化,而另一些条件则没有变,并且无法确定是否均衡。商业潮汐的这种状况也会导致股市出现相同的状况。股价一旦遇到不利的条件就会下跌,而在情况转好后又会回涨。在这样一个时期里,即使大盘相当活跃,总体变化也相当明显,但净变化可能并不明显。

"艾迪森·柯马克(Addison Cammack)是他那个时代的做空高手。他笃信拿破仑的一句名言'上帝与装备最精良的重骑兵营同在'。因此,他一上来总是一味卖空,一旦卖空获利就会趁势紧追不舍,继续大量卖空,以击垮对手。这样就有一个简单的问题需要回答:他卖得再多,也不能够超过别人有能力或者愿意买进的股票啊？如果"装备更加精良的重骑兵"突然出现在多方一边,而且市场继续上扬,那么他就会迅速撤退,以便来日再战。这就是'大熊'（卖空高手）、'聪明的熊'（睿智的卖空者）和'愚蠢的小熊'（愚蠢的小卖空者）之间的区别。柯马克这个卖空高手明白有时大盘会受到打压,他也会偶尔为之。他也经常犯错,但几乎总能全身而退。机会肯定会来,到时候多头就会垂头丧气。然而,这个不守规矩的家伙不太知道及时逃离危险。他在没有获胜机会的时候还会继续硬拼。这就是艾迪森·柯马克能够带着'危险大熊'的诨号功成名就地退出江湖,而那么多具有做空潜质、不守规矩的年轻家伙终究没能成为他的可怕对手的原因所在。"——斯凯勒·韦斯特（Schuyler West）

【问题】"您在前面回答问题时说过,做 10 股股票的交易有 1 000 美元的保证金正合适。但我觉得,对于大部分上市交易的股票来说,1 000 美元直接付清买进 10 股股票的价款都绰绰有余。对于很多上市交易的股票来说,1 000 美元可以一次付清购买 20 股股票的价款。劳驾,能否解释一下您说这话的意思？保证金规模是应该由买进的股票的性质、购股款金额还是任何一个什么规则决定？"——Z

【答复】"一般认为,有 1 000 美元的保证金可以购买 100 股股票。做股票投机的人也许没有人会认为做股票投机要准备更多的保证金。如果您用 10%的保证金购买 100 股股票,就无法在股价下跌时补仓摊薄自己的交易成本;而且即使出现中度亏损,也会很快用完您的资金,到头来除了赔钱,您几乎没有别的选择。如果您把 1 000 美元视为做 10 股股票交易的适当保证金,就如您说,在某些情况下的确可以直接付清购股款。现假定您是根据对价值的估计买进第一批股票的。如果您对价值的判断没有变,并且觉得必要的话还有能力买进第二批甚至第三批股票。这样,您就有能力坚持持有股票并且明智地摊薄持股成本,要知道,具备这种能力可能就意味着最终能够盈利。股票投机的大忌就是过度交易。如果您能根据上面所说的 1 000 美元 10 股的比例关系进行操作,那么就有更大的把握赚钱。保证金额度不应该根据初始购买股票的价款,而是根据交易者持股留在市场、转而利用可能出现的上述机会来考虑的。在考虑保证金的适当额度时必须留有很大的保险系数。

"我们总倾向于认为现状会永久持续下去。当大盘下行,交易清淡时,很难使人相信

these是大盘开始活跃、上行的前奏。当物价上涨,国家经济繁荣时,总会有人说,虽然之前的繁荣没能持续,但与这次繁荣相关的现状表明,这波行情不同于此前的历次繁荣,保证能够长期持续下去。而事实上,有一个不依附于任何条件的事实就是,繁荣总会变化。繁荣的变化取决于供求规律的变化。商业的周期性众所周知,商业周期始于萧条期结束之时。萧条期结束后,小商人会发现,已经不能像以前那样便宜地如数采购到为维持当前生意所需的货物,因此不得不加价稍微多进一点货物。由于小商人的采购总量增加,因此,批发商的生意规模也有所扩大,进而又会增加制造商的产出;而制造商因产出增加而能够雇用更多的劳动力,从而导致劳动者购买更多的制成品和农产品。这样,到生产商就完成了整个循环过程。在整个循环过程的每个环节上,价格上涨,购买额增加,信心增强,直到零售商进货不再犹豫,而且进货量已经是商业状况改善之初的数倍为止。数百万零售商都这样进货,就会导致有时看似不可穷尽的需求,这样又会给铁路带来大量的运输单子,并且最终会衍生出很多最终要到华尔街寻求出路的投资资金。衰退期会出现顺序正好颠倒过来的上述不同交易。零售商和批发商会觉得商品价格比进货前有所下降。如果进货太多超过需求,那么就会无利可赚甚至会出现亏损,而且还会导致丧失信心、需求减少。收缩过程的发展会殃及商业的各个方面,这个过程会像已经燃烧的燃料酿成熊熊烈火蔓延开来。经验表明,衰退期大概需要 5 年才能完成各个环节,因此大概也要用上 5 年时间才能使一个没有存货的国家存货泛滥,可能需要 5 年多的时间才能把我们国家或者这个世界存货过剩的市场变成一个基本上没有存货的市场。由于股票市场总要作为结果受到其他因素的影响,而绝不会作为原因产生影响,因此必然会对以上这些条件或者状况做出回应。不论怎样,股票市场虽然是一种结果,而且是一种打了折扣的结果,但股票价格的下跌通常预示着大宗商品价格的下跌,因为投机商根据自己预期到的商业条件变化提前抛售出货。"——查尔斯·道

的确,金融家、哲学家或者任何普通人都认为,人性是脆弱的,人类的一般倾向是相信他们愿意相信的东西,而不是相信客观存在的东西。大多数人善于凭借特质、激情或者性情,而不是在深思熟虑之后做出判断。只有很少人有非常好的素质能够直面事实,而且只关注事实,并且得出不带本能的乐观或者悲观色彩的结论。其结果就是,通常只有很少人愿意费心去研究财经问题,或者细心分析一般观点并提出自己的主张。是那些模糊不清但又引人注目的东西,而不是具体而又实在的东西决定他们买卖证券的行为。

用世俗的眼光来看，没有哪部分人类活动像金融活动那样更加需要精准判断和均衡思维这样的能力。如果某人持有一种债券，他就完全知道什么是债券留置权？如果某人作为股东关心某家公司，那么是否会认真分析这家公司的年报？是否完全明白已派息概念以及营运费用和折旧不同金额的真正意义？下面这起事件公平地说可以载入近代金融史册，并且由于关于它的教训可用来提醒人们必须认真对待金融问题而应该受到广泛的关注。这起事件是关于芝加哥、密尔沃基和圣保罗铁路公司(Chicago, Milwaukee and St. Paul Railway)债券持有人的。这家公司的债券持有人由于不知道他们持有债券的意义而白白浪费了他们享有的宝贵权利。等他们发现自己必须按债券面值接受还款时已经为时太晚。几星期前，他们本可以把债券转换成价值几乎翻倍的优先股。没有什么可抱怨的，因为印在债券上的声明明确告知了债券持有人在规定时间以规定方式可以行使转换权。但是，很多债券持有人根本就没有注意到这个问题，而且也不是只有未受过金融训练的人会忽略这种问题。值得一提的是，一家与北太平洋铁路公司控股权争夺战有很大关系的银行的一位大人物也承认，他直到参与北太平洋铁路公司股权争夺战忙得不可开交时才看到优先股上的有关声明。要知道，就是这个有争议的声明将决定这场股权争夺战的胜败。这位银行大人物在发现他根本就没有留意过的优先股股票上居然有债转股的条款时大为震惊。"——丹尼尔·凯洛格(Daniel Kellogg)

有一名读者来信询问："我手头持有的艾奇逊—托皮卡—圣菲铁路和密苏里太平洋铁路股票已经出现几个百分点的盈利。可我每天只能看到一次股票价格，并且担心在我知道之前已有的几点盈利已经蒸发了。同时，我又希望能持股多赚一点。请问我应该怎么做？"

在这个案例中，这个读者应该做的就是给手中的股票设止损点，并且把止损点设在最高价以下2个百分点的价位上。密苏里太平洋铁路现在卖117.50美元。请告诉经纪人：如果密苏里太平洋铁路回落到115.50美元就把它抛掉。如果这只股票上涨到118.50美元，那么就把止损点抬高到116.50美元。坚持按照这种方法去做，直到止损指令得到执行为止，或者说，直到您心满意足地获利套现为止。对于外地交易者来说，由于缺乏必要的交易手段，一旦出现盈利，没有再比这种方法更能令人满意的了。如果某只股票真的出现了多头操纵行情，在这波行情的大部分时间里，价格经常上涨，没有出现过幅度达到2个百分点的回调。有些操盘手认为设置相距2.5个百分点的止损点比较保险，但有时设相距2个百分点的止损点刚好能够获取丰厚利润。但在大部分案例中,如果一只股票会跌2个百分点,那么就会下跌2个百分点以上。正在操纵一波牛市行情的操盘手就喜欢看到大约1个百分点的回调,因为这样的回调能使他们频繁检验市场,看看广大股民是否跟进。但是,他们不喜欢看到更深的回调,因为这样的回调往往会打击他们希望培育的多头气氛。从操盘手的角度看,成功就是激发广大股民逐渐吸纳操盘手要抛售的股票的兴趣。这种兴趣只能依靠较大的市场容量、持续良好的氛围和逐渐上涨的价格来维系。因此,这就是把止损点设在低于最高价2个百分点的价位上的原因。只要操纵行动还在继续,那么在被操纵股票下跌1个百分点以后,股市操纵利益集团肯定能够吸引大量的买单,除非有特殊的原因迫使他们改变操纵策略。一只价格被炒高10个百分点的股票通常能够在一个较高的价位上维持一段时间。操纵利益集团会花点时间来积聚筹码,而且还会花点时间为这只股票造市。而在为股票造市的过程中,股价必须保持强劲的走势,并且还要保持继续走高的表象。一个想要在一波上升趋势中抛售10 000股股票的操盘手,通常需要在较高价位上找到一个大买主才能抛掉手中的股票。他会希望,每买进1 000股,就能卖出1 200股甚至1 400股;这样才能抛光他手中的股票。在这样的操纵行动中,跟进者的优势就在于有时能够发现操纵迹象,并且从中获得最佳抛售时机的线索。即使做不到这一点,他们还能利用止损点这个最好的帮手来保护自己。虽然利用止损点来操作会损失本可获得的2个百分点的盈利,但是,通过下止损单,在等待止损单得到执行的时间里,他们常常能实现2个百分点以上的盈利。如果凭借自己的判断来确定最佳抛售时机,那么就不可能获得这些盈利。

很多操盘手都相信,市场在经历了交易清淡之后总会出现下跌趋势。这个信念的基础就是,在某个交易清淡时期,市场出现反复被视为一种规律。但事实是,交易清淡后的市场走势主要取决于正在形成的是牛市还是熊市。如果正在形成的是牛市,那么交易清淡过后,大盘就会上扬;如果正在形成的是熊市,那么交易清淡过后就会出现大盘下跌。由于熊市持续的时间要长于牛市,因此,大盘在经历了交易清淡过后出现下跌走势的概率要大于出现上行走势的概率。当然也有例外情况,但这并不能改变以上这个一般规律。牛市在交易清淡以后出现上涨走势的原因就是股票的价值在增加。虽然市场呆滞,但价值持续增加。股价之所以开始上涨,原因就在于机构和股民个人都明白股票的价值高于价格,股价还有上涨的空间。相反的推导可适用于熊市在经历交易清淡后出现下跌走势的情形。股票价格下跌,是因为股票价值在减小,而交易清淡只会导致价值的减幅超过价格的跌幅。大盘之所以在交易清淡过后能够重启,通常是因为发生了什么特殊事件或者有人在操纵股市。在前一种情况下,市场重启的原因显而易见;而在后一种情况下,操纵者会先研究大势,并确定操纵股价是否有利可图。然后,他们会仔细观察投机形势,并且设法了解有关交易者的有关情况:他们是否会持有大量股票,是否打算交易,收益是大是小,专业交易员的买单或者卖单有多大。所有这些都是股市操纵者决定是否开始行动的依据。广大股民常常会跟进,有时有利于他们自己,而有时则有利于股市操纵者。然而,所有这些仅仅只是股价主要走势的偶发事件,总体而言与股票价值一样都是由股票收益变化造成的。股票市场的短期波动始终应该结合其对市场主要趋势的影响来考虑。普通股民常犯的严重错误就是太关注股票的价格,而不是其价值。凡是预期某只特定股票在可望稳定且预期不会发生足以抵消收益增长效应事件的条件下上涨的交易者,都应该在这只股票与其他股票一同下跌的时候买进这只股票,并且一直持有到它的价格被认为充分高于它被认为具有的价值为止。这就意味着要研究和了解所选中的股票,但也显示了理性炒股与纯粹投机之间的区别。谁都能猜测某只股票的涨跌,但因猜测股价涨跌而要付出的代价只会吞噬纯猜测交易有可能产生的大部分盈利。理性交易始于对大势和各种条件的研究以及对大势向好或者变坏的合理判断。如果大势和一般条件都在向好的方向发展,那么就应该确定准备要交易的特定个股是否也在大势向好的过程中占据相当的份额。这只股票的价值是否也在增加?如果是,那么就应该参照它的价值确定其价格是高还是低。如果股票的价格低于价值,那么就买进这只股票并持有等待。如果这只股票在买进后不动,请不要泄气。只要它的价值不断增加,那么价格上涨的确定性就会不断提高。在股价开始上涨时,请不要急于获取两三点的利润,而是耐心等待回调,还要断定股价上涨后是否仍然偏低;如果还是偏低,那么就再买进,而不是在预期上涨来临之际卖掉手中的股票。请坚持持有股票到价格看似高于价值为止,等股票价格高于其价值后就套现获利。这就是大操盘手赚钱的方式,大操盘手并不是靠做来回交易,而是通过准确预期股票价值变化,然后大量买进股票并推高股票价格一直到价格超过其价值的方式来赚钱。散户不可能推高股票价格,但倘若预测正确,就能因为确信大操盘手和投资者会替他们拉高股价而坚决持有。